講談社選書メチエ

630

熊楠の星の時間

中沢新一

MÉTIER

序　熊楠の星の時間

「星の時間」はめったなことでは人の世界に訪れない。たとえ訪れたとしても、滞在時間はきわめて短く、気づいたときにはもうあらかた重要なことはすんでしまっている。そんなわけであるから、南方熊楠ほどの人物であっても、思考が真の天才の火花を散らし、人生が星の輝きに包まれたのは、特別な日付を持つ、ある限られた時間の中でのことでしかなかった。

「星の時間（Sternstunden）」について作家のシュテファン・ツヴァイクがこう書いている（ちなみにこの語を造語したのもツヴァイクである）。

時間を超えてつづく決定が、或る一定の日付の中に、或るひとときの中に、しばしばただ一分間の中に圧縮されるそんな劇的な緊密の時間、運命を孕むそんな時間は、個人の一生の中でも歴史の経路の中でも稀にしかない。こんな星の時間――私がそう名づけるのは、そんな時間は星のように光を放ってそして不易に、無常変転の闇の上に照るからである。（シュテファン・ツヴァイク『人類の星の時間』片山敏彦訳、みすず書房）

そのような星が、南方熊楠の精神の内にも光り輝いたことがある。長い準備の時をへて、それまで熊楠の精神の中に出現しては消えていった、無数の思考の萌芽と断片が、短期間に驚くべき密度をもって、「避雷針の先端に大気全体の電気が集中するように」一点に集積し、凝縮されて、漆黒の宇宙空間にまばゆい光を放つ星となって出現したのである。他の人がどう考えるかは知らないが、少なくとも私にとって、その星は三十年来の私の思考を導いて、不易の光を放ち続けてきた。

＊

南方熊楠の「星の時間」は、明治三十七（一九〇四）年の夏、那智の山中にいた彼のもとに到来した。そのとき熊楠は那智の森に籠もって、植物研究に没頭していた。彼はおそろしいほどに孤独だった。話をする相手は宿の女中とときたま訪ねてくる山人以外にはいなかったが、郵便配達夫はそんな山の中の宿にも手紙を届けてくれた。その手紙の中に、「星の時間」の到来を熊楠に促すことになる、重要な便りが含まれていた。

それは洛北の栂尾山高山寺《とがのおさんこうざんじ》に住む真言僧、土宜法竜《どきほうりゅう》からの便りであった。十年ほど前ロンドンではじめて出会い、意気投合したこの開明派の仏教僧とは、手紙の往復をとおして友情を育んできたが、南方熊楠が那智に籠もってからはますます頻繁に、便りが送られてくるようになった。手紙の内容はいずれも哲学上の重要な問題を問うてくるものであった。外国雑誌への投稿の準備などに忙しかったはずの熊楠ではあったが、土宜法竜の便りへの返信だけは怠らなかった。

しばしば熊楠は夜を徹して、長大な返信をしたためた。そのときの手紙が高山寺の蔵に残されていた。そこには、その夏の日々に、南方熊楠の精神にまばゆいばかりの「星の時間」の到来したことが、まざまざと記録されている。それらの手紙で熊楠は、しばしば真言僧の問いをはるかに超えて、仏教について、科学について、生と死と不死について、自らの思想の羽をいっぱいに開いて見せた。そこに私はいまでも、封をされたままの未来への贈り物を見る。

長い時間をかけて、熊楠のもとへの「星の時間」の到来を準備してきたものがある。それは南方熊楠が那智の森で続けていた、粘菌の生態の観察である。

粘菌は湿気の多い時期には、枯木の肌に取り付いて、アメーバとなって移動しながら捕食活動をおこなう。たくさんのアメーバが集合して大きな個体を形成するのは、乾燥期の到来が予測されるからである。粘菌は植物のように動かなくなり、胞子をいっぱいにためた美しい色の茎を伸ばす。ときを見計らって、胞子を空中に飛散させる。一つ一つの胞子の中には、動物性のアメーバがおさまっていて、湿気の季節の到来を待っている。

このような粘菌の生態の観察を通して、熊楠は生命現象にあっては、生と死を分離できないことを、明確に認識していた。ある手紙の中で、彼はこう書いている。

細微分子の死は微分子の生の幾分または全体を助け、微分子の死は分子の生の幾分または全体を助け、ないし鉱物体、植物体、動物体、社会より大千世界に至るまでみな然り。ただしこの細微分子の生死、微分子の生死、ないし星宿大千世界の生死は斉一に起こり一時に斉一に息まず、常に錯雑生死あり。(明治三十五年三月二十五日断簡、記述を読みやすくするため一部改変)

生と死を分離することができないとならば、生は死を含み、死は生をはらみながら、錯雑に全体運動を続ける。

つまり仏教が考えてきたように、生命現象の実相は、生でもなく死(滅)でもなく、生があることなく死もあることがない、すなわち不生不滅こそが実相なのである。そのことを、顕微鏡下に観察されている粘菌の生態が、まざまざと示していた。粘菌は分類学上の植物でもなく動物でもなく、生存において生でもなく死でもなく、生死が重なり合う全体運動を続けている。南方熊楠はこんな粘菌の生態を、何日も、何日も、昼夜を問わずに、観察し続けていた。

熊楠はそのような粘菌の生態が、自然科学の土台に据えられたロゴスの法則に従わないことに気づいた。ロゴスは、①同一律②矛盾律③排中律という三つの法則に従って動く。ところが粘菌という小さな生物は、同一律と矛盾律はおろか、排中律さえも破っているのである（排中律に従えば、生と死は分離されており、植物と動物は重なり合わない）。生命はロゴスに従って活動していない。生命現象の実相をとらえるためには、ロゴスを拡張した、別種の論理を土台に据えた科学が生み出されなくてはならない。

このような別種の論理がじっさいに存在しうることを、南方熊楠はすでに該博な読書を通じてよく知っていた。それは大乗仏教が発達させた「レンマの論理」である（熊楠自身は「レンマ」という言葉を使わずに同じことを言っている。詳細は本書「第一章　熊楠の華厳」を参照されたい）。

ナーガールジュナの『中論』によって基礎が築かれ、『華厳経』によって巨大な体系にまで成長をとげたこの哲学では、同一律と矛盾律のみならず、排中律まで取り除いたレンマの論理を駆使して、宇宙の実相に迫ろうとした。それにしてもなんという偶然であろうか、那智山中に持参したわずかな書物の中には、大部の『華厳経』が含まれていた。

粘菌という生物は、不生不滅のレンマの論理の具体化として、森の中にひっそりと生き続けている。そのことの驚異に気づいたとき、この「生きたレンマ論理」ともいうべき粘菌を「避雷針の先端」として、「大気全体の電気が集中するように」、それまで天才的着想の破片や断片として熊楠の脳中を漂っていた無数の宇宙塵が、一点に集積し始めたのである。宇宙塵はレンマの論理に従って、理法をもった一つの世界の姿を取り始めた。

南方熊楠にとって、それが「星の時間」の到来を告げていた。熊楠は粘菌の精神に従い「ロゴスによる科学」を拡張する可能性を、このとき本気で考え始めた。ロゴスの法則の近代版である科学的因果関係を破る例証が、つぎつぎと浮かんできた。この世の複雑な現象界は「不思議」という華厳の概念によって整理され、いったん破れてしまった因果関係のほつれは、レンマの論理から派生する「縁起」によって、きちんと編み直された。たとえ排中律を取り除いてしまったとしても、レンマの論理によって、世界はより柔軟な新たな理法をもって動き出すのである。

寝ることも食べることも忘れて、熊楠は脳中に瞬く星の光を追い、筆を取る手ももどかしく、目前に出現した「大不思議」の描き出すインドラの網の目模様を、文字と絵で書き留めた。このときほど熊楠が狂おしいほどに幸福であったことは、おそらく後にも先にもなかったであろう。「星の時間」にはすさまじい強度が充満しているからである。

＊
＊

南方熊楠に訪れた「星の時間」に、彼は「レンマによる科学」を着想したのだというのが、本書における私の主張である。「レンマによる科学」は「ロゴスによる科学」の拡張を意味する。どんな領域でも、それまで確立されうまくいってきた体系の限界を、いち早く感知した創造的な人間は、古い体系の拡張をめざそうとする。南方熊楠の場合、人々がまだそのことに気づきもしない早い時期に（なにせ「ロゴスによる科学」はその頃まさに順風満帆だった）、一人でそのことに気づき、一人でそれを超克しようと、圧倒的な緊張と密度をもって考え抜こうとした。

限界が見えた体系を拡張しようとするときには、その体系の作動条件であるいくつかの規則を除去してしまうやり方が有効である。「ロゴスによる科学」の場合、もっとも深いレベルでその作動を規定しているのは、先に挙げた「ロゴスの三法則」である。このうち同一律はカントによって、矛盾律はヘーゲルによって取り除かれることによって、それぞれのやり方での論理の拡張が図られた。南方熊楠はこれら三法則のうち、哲学者も手付かずのまま放置してきた、排中律を取り除くことによって、新しい科学の創造が可能であると夢見たのだった。

私は南方熊楠が彼の「星の時間」の中で着想した、この「レンマによる科学」の夢を受け継ぐものである。

熊楠の星の時間◉目次

第三章 南方熊楠のシントム

熊楠の星の時間

第一章　熊楠の華厳

はじめに

南方熊楠の思想を考えるとき、どうしても「華厳」という仏教思想のことがはずせません。熊楠は西洋で発達したキリスト教神学や西欧哲学とも近代科学とも異なる、東洋的な思想の土台に立つ「未知の学問」の創出を構想していました。そのさい彼がモデルに考えていたのが、華厳仏教の体系のことでした。今日はいったい華厳仏教のどこが、熊楠をそんなにもひきつけたのか、華厳仏教の中には本当に「未知の学問」を創出できる可能性が潜んでいるのか、熊楠はどこまでこの「未知の学問」の実現に肉薄できていたのか、といった問題について、お話ししてみようと思います。

明治時代にも現代にも、南方熊楠が取り組んでいたこのような問題を、真剣に考えてみようという人は、ほとんどいないと言っていいでしょう。その理由は第一に華厳の学問体系があまりに巨大すぎることにあります。熊楠のように華厳を一飲みに理解して、それを近代科学の思想に対決させるなどという離れ業のできる者などめったにおりません。それができるためには、西欧の学問の根幹を作りなしている論理の仕組みを、華厳仏教の論理との対比において明らかにすることのできる知力が必要です。明治時代にすらすでに困難であったこんな大仕事に、仏教との接触が薄くなってしまった現代人が成功することなどは、さらに望み薄と言えるでしょう。

しかし私たちにはこの問題に取り組んだ南方熊楠が書き残した、膨大な量の文章が残されています。那智の山中から真言僧土宜法竜《どきほうりゆう》に送った長大な手紙のことです。この手紙の中で熊楠は華厳の論理を手掛かりにしながら、その中に近代科学の狭い合理主義を乗り越える可能性を見出しています。『森のバロック』（講談社学術文庫）を書いた頃は、私の華厳理解も十分なものではありませんでしたので、熊楠の思想の翼をいっぱいに広げることはできませんでした。この問題は「南方熊楠の夢」であると同時に、私自身の大きな思想的課題でもあります。今日はこの問題を深めることによって、少しでも思想の翼を広げてみようと思います。

1　東洋の学問の構造

日本民俗学を創出した三人の巨人、南方熊楠、柳田國男《やなぎたくにお》、折口信夫《おりくちしのぶ》の三人の中で、「東洋の学問」にもっとも深く依拠していたのは、南方熊楠です。この三人の中ではヨーロッパ体験のいちばん深い熊楠が、ヨーロッパの学問の偉大さを熟知しながら、それとは根本的に異なる構造をもった「東洋の学問」の構築を構想していたというのは、意味深長な話です。

その熊楠が土宜法竜に宛てた書簡の中で、自分は東洋の学問の根幹をなす大乗仏教の真の姿を求めて、いずれチベットへ出かけてみるつもりじゃ、と書いています。そのことを私が知ったのはずっと後のことでしたが、私も東洋人の思想の原型（Ur）を求めて、チベット人のもとに出かけました。一九八〇年代のはじめ頃、二十九歳のときチベット人の僧院に入って、チベット人のやり方でもって、仏教を根幹とする学問を勉強しようとしました。「東洋の学問」と呼ばれるものが、どういう仕組みをもって、どうやって教えられているのかを、私は切実に知りたかったのです。日本の大学で教えられている仏教学は、実証的なヨーロッパの学問による仏教研究であって、そういうものではない、学問（サイエンス）そのものとしての仏教を学びたいと思いました。

熊楠の時代には日本の文化伝統の中に、まだ東洋の学問が生きていました。漢文の素読《そどく》から始まって、地誌、博物から体系的な哲学思考までを、理解し体得していくための教育のシステムが生きていましたから、とりわけ学問好きの熊楠のような人の体内には、東洋の学問が完全に咀嚼《そしやく》されて、生きた知性として働いていました。しかし、戦後生まれの私などには、もはやそういうものに触れる機会さえなくなっていました。

ヨーロッパの学問は「ロゴス」に基づいた体系をなしています。ところが仏教をはじめとする東洋の学問では、「ロゴス」とは異なる知性作用に基づいた体系がつくられているように、私には感じられました。「ロゴス」によらないで世界を理解し、真理を語るための体系などをつくりうるのか。東洋の学問では、他の技芸や武芸と同じように、真理の探求が身体的修練と合わせておこなわれると言われますが、それがじっさいにどのようにして教授されているのか。こういうことを知るためには、どうしても東洋の学問の懐深く飛び込んでみる必要がありました。

チベット人の僧院でも「素読」から学問が開始されます。経典に書かれている内容を理解する前に、適切なリズムと区切りをつけて音楽的に『般若心経』を繰り返し読んでいくという訓練を続けます。これに習熟すると、目の前にどんな経典があらわれても、すらすらと読み通していくことだけはできるようになります。こういう訓練はユダヤ教などでもおこなわれているようで、文字の列の中に「息」を吹き込んで、意味を立ち上がらせる行為として、重視されています。

そこから経典の内容に入っていきます。もっとも重視されるテキストは、ナーガールジュナ（龍樹）の『中論』です。声を出して諳《そら》んじることはできても、まだ内容の理解には至らなかった『般若心経』の思想が、『中論』の研究を通じて解明されるようになります。『般若心経』には「不生不滅」ということが説かれます。生じるのでもなく、滅するのでもない。存在するのではなく、非存在するのでもない。これを通常のパターンでの思考で理解することはできません。ヨーロッパ哲学の土台をなす「ロゴス」によっても理解されません。ところがこのおよそ尋常でない論理を身につけることから、「東洋の学問」の基礎が築かれることになります。

ヨーロッパ的なロゴスとは根本的に異なる、この尋常ならざる論理のことは、ギリシャ哲学で「レンマ」と呼ばれました。ロゴスは語源的には「目の前に並べる」「集合させる」「言葉で言う」といった意味を持つそうです。この世界に現象する事物を、集めて並べて整理する、といった意味です。それが「言葉で言う」と同じ意味になるのは、人間の言語はどれも時間軸にそって単語を並べることによって体験を秩序立てる、「線形性」を本質としているからです。事物を集合させて目の前に並べる知性作用であるロゴスは、それゆえ言語と本性を共有していることになります。

そこから、「正しい言葉で言う」ことは「正しく思考する」と同じ意味になり、こういうロゴスの働きによって「正しく思考されたものは、存在する対象の存在と同一である」（パルメニデス）ことになります。近代科学の例で言いますと、数学的言語こそ「正しい言葉」の代表ですから、数学によって正しく思考され表現されたものは、存在する対象と同一であることになりますから、あらゆる自然科学の真理は数学で正しく表現されなければならないことになります。

これにたいしてレンマのほうは、「手でつかむ」「とらえる」「把握する」などという語源から生まれた概念で、物事を抽象的に理解するのではなく、具体的に直観的に理解することを意味しています。ギリシャ哲学はこのレンマにも、それにふさわしい論理が内在しており、ロゴスとは違うやり方で、世界の理解を可能にする学的方法をつくることができる、というところまでは考えましたが、じっさいにはロゴスのみが重視されて、レンマの学というようなものはつくられませんでした（山内得立『ロゴスとレンマ』岩波書店）。

そういうレンマの学をじっさいに打ち立てたのは、東洋で大いに発展した仏教でした。仏教ではロゴスの土台になっている、同一律、矛盾律、排中律という三つの法則を、知的な構成物として否定して、あくまでも世界の事物をレンマ的な直観でとらえようとしました。そういう思考を徹底させたナーガールジュナはそこで、①生滅（存在と非存在）②断常（非連続と連続）③一異（一と多様）④来出、というロゴスの導き出した四つの世界現象のあり方を徹底的に否定して、①不生不滅②不断不常③不一不異④不来不出こそが、現象の真のあり方であると主張したのです。

このように「東洋の学問」はロゴスの学ではなく、レンマの学として構築されました。それは直観の学でもありますから、ただたんに抽象的に学問していればよいのではなく、具体的な身体を使って、具体的な世界に生きている学としなければなりません。僧院ではそれを鍛えるために、日常のあらゆる機会をとらえて、①不生不滅②不断不常③不一不異④不来不出のレンマを働かせる訓練をします。ヨーロッパの神学大学ではロゴスによって現象を理解する訓練がほどこされましたが、東洋の僧院大学では、『中論』にもとづくレンマ的論争を鍛えることによって、現象を把握する訓練がおこなわれました。

しかしここからが「東洋の学問」の面白いところで、世界をレンマ的、直観的に把握するためには、具体的な身体を介してそのことを体験するための「瞑想訓練」が、カリキュラムに組み入れられていることです。具体的には、言語の働きを停止させるヨガをおこないます。世界はロゴスによる線形性の秩序をもともっているのではなく、それは起きている時も寝ている時も働き続けている言語によって構成された秩序である、と考える仏教は、ヨガによってその動きを止めて、世界の実相を見届けようとします。すると、ロゴスの知性作用によって「因果関係」を認められた現象の奥に、因果関係で結びつけられていない偶然性（蓋然性）の自由な運動として、この世界がつくられている様子が直観的に把握できるようになります。

このとき瞑想といっしょに「夢」も利用されます。夢はレンマ的な知性作用への通路を開いてくれるものだからです。夢は起きているときの現実のように、同一律にも矛盾律にも排中律にも従いません。ロゴスの法則を逃れているのです。そのためイメージの自由な重ね合わせやメタモルフォーシスが起こります。このおかげで、夢は起きているときの意識がロゴスによって構成した現実を、寝ている間に柔らかく解きほぐしてしまうことができます。皆さんも、夢の中で自分の抱えていた悩みが解決されたという体験をお持ちの方はいると思います。夢の中で、心理的な葛藤であるとか、哲学や科学上の難問題などが突然、解かれることがあります。それは夢がレンマ的知性作用に通路を開いてくれているからです。仏教だけでなく、多くの「東洋の学問」では、こういう夢の働きが重視されています。これもレンマの知性作用に関わりがあります。

私はほぼ三年にわたる仏教僧院での体験から、南方熊楠の考えていたような「東洋の学問」は実在する、と確信するようになりました。それはヨーロッパで発達した学問のような「ロゴスの学」の体系ではありません。かつてはロゴスと拮抗する知性作用として重視されていた「レンマ」による学の体系として、それは実在していたのです。熊楠は自然科学者として、ロゴスによる学だけが自然を理解する唯一の方法ではないことを知っていました。ロゴスの学は、自然科学の方法としてもいくつかの致命的な欠陥を備えている、そう確信していた熊楠は、仏教思想の中でもとりわけ『華厳経』の体系にもとづく、未来の学問というものを構想しておりました。熊楠の抱いた思想の、最大の未来的可能性を蔵している発想は、まさにそこにある。これが私の確信です。

2　画期的な経典

「レンマの学」の一つの頂点をしめす華厳の学は、三～五世紀の頃の中央アジアで（コータン説あり）、形成拡充されていったと言われています。巨大なテキストで、いくつもの要素をあわせもっていますが、この経典の一番の特質ははじめて「法界《ほっかい》（dharma-dhātu）」の内部構造とそこで起っている活動の運動学を、明確なレンマ的論理で表現してみせたところにあります。これはそれまで誰もあえて踏み込もうとしなかった領域でした。

ロゴスによっては「法界」は開かれません。そこではあらゆる出来事も事物も、狭い因果関係でつながれていませんし、線形的な秩序におさめることもできないからです。『中論』ではレンマの論理を駆使して、現実世界（娑婆世界）を超越した「法界」の存在を知らせることはできますが、その「法界」がどんな内部構造をもっているのかとか、そもそも内部構造をもつのかとか、そこがどういう法則で運動しているのかなどは説明されません。華厳経ははじめてそこに踏み込んだのです。

それまでは娑婆世界の教主ブッダご自身の説法という形で説かれていた仏法を、「法界」の教主マハーヴァイローチャナ（大毘盧遮那仏）自らが、「法界」の内部構造や特質や真理の伝達様式などについて、明快に語るという内容をもっているのが華厳経であり、大乗仏典の表現レベルを一気に高めた経典と言えます。哲学的にも深遠な内容を持ち、そののちの仏教思想の展開のすべてに大きな影響を与えました。

『華厳経』の研究は、インドでよりも唐の時代の中国で大発展をとげます。なかでも重要なのが法蔵《ほうぞう》（六四三〜七一二）による研究です。法蔵が著した『華厳五教章』という解説は簡潔な上にすぐれた内容を持っていたので、中国だけでなく、同時代の日本でもよく研究されました。東大寺が華厳研究の中心地となりました。華厳の体系は古代における「東洋の学問」のもつあらゆる特徴を、よくしめしています。ふくよかな全体構造をそなえ、どこか一つの方向に偏ることがありません。中国華厳宗では仏教思想の完成形態という意味で「円教」ということを強調して、同時代に興った天台宗のように特定の経典だけを重視する「一乗」という考えをとりません。天台宗では『法華経』という経典だけが重要であるという、一元論的な思考がとられて、それが時代の風潮となります。ところが華厳教学ではあいかわらず曼荼羅の姿をした法界の全体性ということが重視されました。

そのせいでしょうか、世の中が一元論的な思考を好みはじめる古代末期から中世になりますと、しだいに華厳経の学問は振るわなくなります。そういう時代に、栂尾山高山寺《とがのおさんこうざんじ》の明恵《みょうえ》が登場して、華厳教学の復興に全力で取り組んだのです。「南方熊楠の華厳」を語るには、この明恵について語らなくてはなりません。それは、明恵のおかげで華厳の学問は日本で途絶えることがなく、無事に熊楠のもとに届けられたとも言えますし、それを触媒にして、熊楠の「東洋の学問」への構想は湧いてきたとも言えるからです。

しかしそのこと以上に、熊楠と明恵の間に多くの思想上の共通点が見出されるように、私には思えます。熊楠が明治時代に着想した「東洋の学問」を理解するためには、鎌倉時代を生きた明恵の思想を理解しておくことが、無駄ではありません。

3 明恵と熊楠をつなぐもの

華厳の学問がしだいに衰退に向かっていく時代に、明恵（一一七三〜一二三二）が登場します。まず明恵の伝記的な説明をざっとすませてしまいましょう。鎌倉時代には「新仏教」と呼ばれる新しい思潮がつぎつぎに生まれますが、明恵はそういう新しい思潮には与《くみ》することなく、奈良時代以来の伝統である華厳経の学問に打ち込んだ人です。京都の北方にある栂尾の高山寺に住して、その寺を華厳復興の拠点としました。

激しい情熱を持って修行した人でした。ゴッホと同じように、耳を切り落とすことまでやっています。人を現世につなぎ止めている感覚器のせいで、さまざまな煩悩は起こります。目や耳や口がそのような煩悩発生の出入り口になっている、ならばそれらをすべて捨ててしまおうとまでした。出入り口は目とか耳とか口だ。目をえぐりだそうとした、しかし目をえぐってしまうと経文が読めなくなる。これはやめたほうがいい。口を焼き焦がしてしまおう、しかしそうするとお経を唱えることができない。何が一番損害は少ないかを考えると耳だ。そこでじっさいに右耳を切り落として仏教の修行を続けた、とそこまでやってしまう過激の人でした。耳を切り落とした晩のことが日記に書き記してあります。失血でふらふらしながらも瞑想をしていました。すると文殊菩薩があざやかに現れてきました。耳を切った功徳《くどく》だというわけですが、あきれるほどすさまじい情熱です。

この明恵と熊楠を、土宜法竜（一八五四～一九二三）という真言僧がつなげたのです。土宜法竜は密教を修行する真言宗の僧侶です。その土宜法竜が高山寺住職に招かれます。高山寺では密教と華厳経学が同時に学ばれていましたから、激動の明治仏教界はまさに最適な人物を、明恵上人の寺に配したわけです。

当時の仏教界は、西洋文明の衝撃を受けてたいへんに危機的な状態にありました。しかしある意味では、たいへんクリエイティヴでもありました。仏教についての新知識が長いこと途絶えていた日本仏教界には、その当時、仏教に関する新知識やサンスクリット語やパーリ語で書かれた大量の原典がもたらされます。ヨーロッパの実証的な仏教研究も入って来ました。仏教哲学にたいする近代的な解釈や、厳密な原典解釈学の学問も知るようになります。これまで自分たちが知っていた伝統的な教学の不十分さが痛感され、ルネサンスへの機運が澎湃《ほうはい》としてわきあがってきた時代に、土宜法竜のような創造的な精神の持ち主を得たことは、日本の仏教界にはとても幸運なことだったと言えます。

この土宜法竜が南方熊楠と知り合います。すぐに深い友人どうしになりました。熊楠のロンドン時代にも、二人は頻繁に手紙を往復しあっています。書簡の往復による友情は、熊楠が日本に帰国し、生物研究のために那智山中に籠る生活を続けている間も続き、その間にじつに膨大な書簡が熊楠によって書かれ、高山寺に届けられました。

土宜法竜は自分の抱えている仏教上の問題を熊楠に投げかけます。熊楠はその質問にきわめて斬新な方向から回答を与えました。ふつうの仏教者どうしではとうてい生まれてこないユニークな回答ばかりです。そのときの書簡を集めた『南方熊楠　土宜法竜　往復書簡』(八坂書房)は、日本人の精神史においてもきわめて重大な意味を持つものとなっています。現状ではまだまだ解読され尽くしたとは言えないほどに、豊富な内容を含んでいます。その中でとくに私が注目しているのが、華厳思想をもとに近代的思考を乗り越える「東洋の学問」について、南方熊楠が述べている彼独自の着想です。

熊楠は若いときから何度も華厳経に目を通していたようです。膨大な経典ですが完読している模様で、「法界」を「大不思議世界」として描くその経典の中に、自分の思想を導く重要なヒントを見出しています。「不思議」とは「思量(思考)を超えるもの」という意味をもっています。さらに言えば「ロゴスによる思量を超えるもの」です。ロゴス的な意識的無意識的思考が仮構する現象世界は、真実相ではありません。それが真実相でないことをあきらかにするのが、レンマの知性作用による常識の揺り動かしです。

世界の真実のありようは「ロゴス的思量を超えている」、すなわち「不可思議」を本質とします。

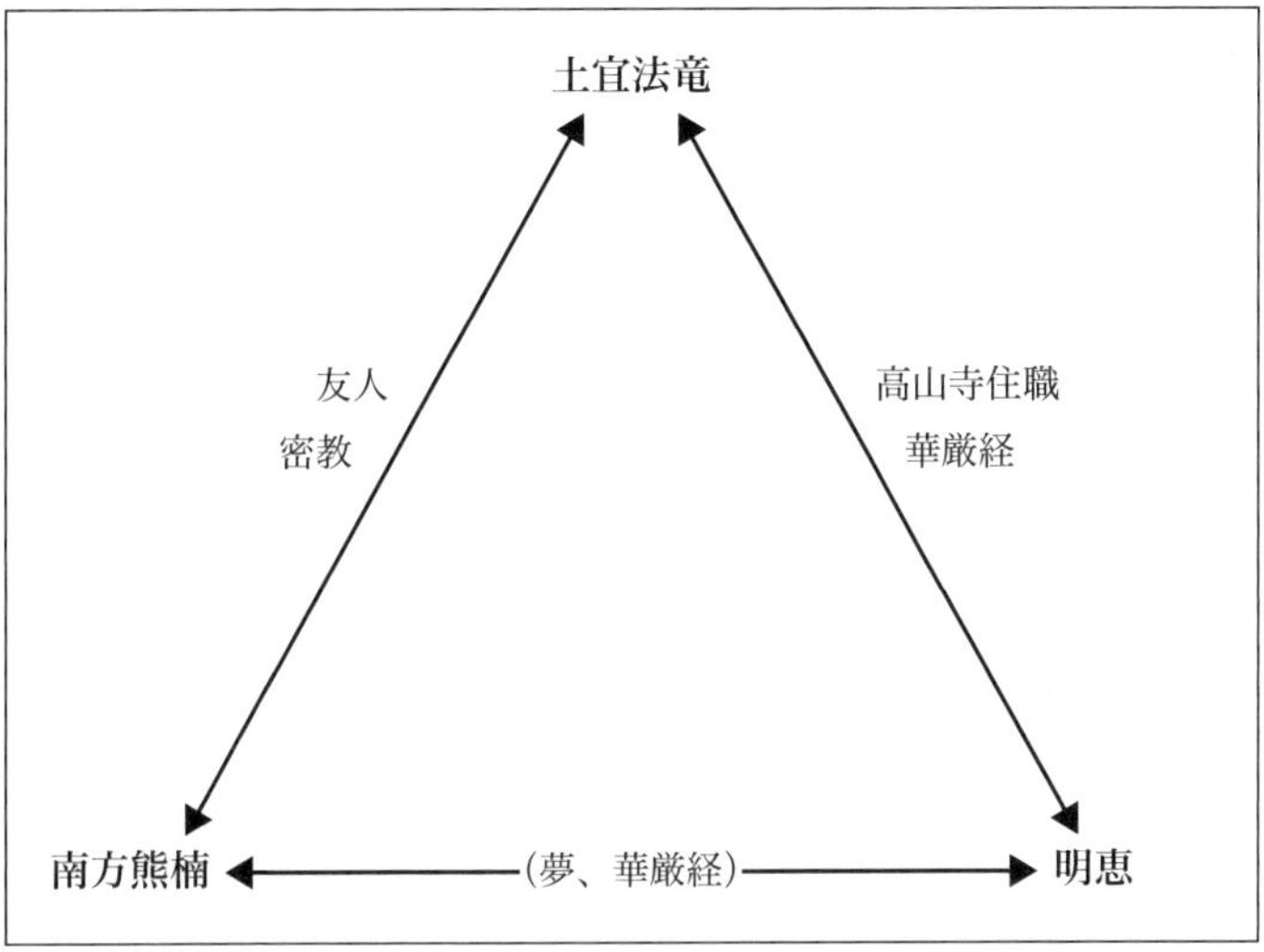

熊楠・法竜・明恵の関係

南方熊楠は那智の山中において、この「不可思議」の領域の内部構造と運動学を、レンマ的知性によって捉えることが可能なのではないかと考えついた。ロゴスの近代的形態である科学は、世界の事物に因果関係ありとして、因と果の間に存在する射（モルフィズム）を数式であらわすことを科学の本質と考えていました。

しかし、熊楠の考えでは、そのような因果関係こそロゴスの仮構であり、世界の事物に因果関係などはなく、あるのは仏教の教える「縁起」なのです。因果ではなく縁起こそが、レンマの知性の得意とする領域であり、熊楠はこのことをもとにロゴスならざるレンマによるオルタナティブな学問を創造できる、と確信したのでした。この未知の学問の構造については、のちほどまた詳しくお話しします。

華厳経が人間の思考を正しく導いていく無尽の力を秘めていると考えた点において、南方熊楠と高弁明恵は、とりわけ卓越した異例者としての共通点をもっています。この二人が抱いたような思想は、後にも先にも類例がありません。明恵は仏教思想は全体性の把握を本質とすると考えましたが、熊楠もまた森羅万象の全体性をとらえうる学問を夢見て、華厳経の中に偉大な先行者を見出していました。このことをまず、明恵のほうから見ていきましょう。

4　念仏批判と科学批判

明恵上人は、鎌倉時代の人です。その当時の京都の宗教界では、念仏宗とも言われる浄土系の仏教が大きな思想のうねりをつくりだしていました。明恵はこの思想を厳しく批判し、これに敢然と立ち向かいました。法然や親鸞らによる浄土宗の運動はよく「新仏教」と呼ばれることがありますが、これに対する明恵や西大寺叡尊《えいぞん》らの活動は「旧仏教」と呼ばれます。新しいか古いか、という対立図式のつくり方は、往々にして問題の本質をはぐらかしてしまいます。この場合も、問題になっていたのは仏教にあらわれた思想構造の違いに関わっていますから、保守と革新の対立に還元できるものではありません。

明恵は、念仏運動の主導者である法然を痛烈に批判する、『摧邪輪《さいじゃりん》』という本を書いて、各方面に配布しました。「よこしまな考えを粉砕する」というえらく過激なタイトルをつけた本で、中身のほうも劣らず過激で、念仏宗の考え方は根本から間違っていることを立証しようとしました。明恵は仏僧としての法然の人格や活動は尊敬して認めていたようです。しかし思想の構造が問題です。それは社会運動としては大きな影響力をもつかも知れませんが、仏教思想の構造を根っこの部分で破壊してしまう。そう考えた明恵は、このような激烈な批判書をしたためたのでした。

『華厳経』に代表される古代型の学問としての仏教経典では、世界は縁起の作用によって相互連絡をおこなう巨大（無限）な全体性としてとらえられています。その全体性の中ではどんな細部の変化も縁起の作用によって即座に全体に連絡され、変化は全体に波及していきます。しかしその変化によって、「法界」の全体性にはなんの変化も移動もおこらないのです。そういう全体（無限）がさらに無限ある。一つの銀河宇宙を一つの全体とすれば、そういう銀河宇宙がさらに無数にあって、より巨大な宇宙をつくりなしています。私たちはその中の一つの銀河宇宙に住んでいますが、その外の空間にはたくさんの銀河宇宙がある。それと同じように人間の心の本性をなす「法界」も、一つ一つが全体性をなす「浄土」からつくられ、この浄土は銀河宇宙と同じように別の銀河宇宙と縁起的連絡を取り合っている。これが華厳に代表される、古代型の仏教思想でした。

心には多数の（無数の）「極楽浄土」が内包されているのです。これらの極楽浄土にはそれぞれの仏が住まっていて、どの浄土が優れているとか、劣っているとかの違いは存在しません。極楽浄土は十方（すべての方角）にあり、すべての極楽浄土が等方向的で対称的、どこにも偏りがありません。物質もまた同じような全体性を内包しています。それだから心と物の間にも共鳴が起こり、そこでも縁起による連絡が発生しています。仏教の瞑想はそのような心と物の全体性の上に立っておこなわれます。呼吸や神経パルスを整えることで、心は「法界」に特有な全体性に近づいていくことができる、このような理論が仏教瞑想の基礎となっています。

明恵はまさにそのような華厳的瞑想を実践していた人でした。明恵は瞑想にたいへんに巧みで、しばしば何日もそれに没頭して、現実世界に戻ってきませんでした。明恵はよく高山寺から消えてしまったそうです。お寺の小坊主たちは、貴族たちがやって来て「明恵上人に会いたい」と頼んでも、「明恵上人はいらっしゃいません」と答えることになっていました。「どこにいるか」「存じません」。小坊主、実は知っているんですね。山中に大きな石があり、その上で明恵上人は座禅をしていました。今日でもう百日目になります。その間、時々ご飯は運んでいったけれど、明恵上人は一歩もそこを動かない。こうして来客は「明恵上人はどこかへ消えてしまいました」と告げられて、すごすごと高山寺を後にしなければならなかったと言います。

そういう明恵の思想からすると、法然らが唱え実践している念仏宗の教えは、仏教の根本構造の破壊にほかなりません。華厳では宇宙の十方にある極楽浄土は、すべてが平等で対称的で、どの浄土だけが優れているというようなことはありえません。ところが法然たちはそれら無数の極楽浄土の中からただ一つ、阿弥陀如来の住む西方の極楽浄土だけを選択《せんじ(ち)ゃく》して、ただひたすらそれを信仰しなさいと教えている。これは縁起によって形成される全体性の思想の否定であり、古代以来「東洋の学問」として発達してきた仏教の破壊につながるのではないでしょうか。対称性の仏教から非対称性の仏教への変質が、それによって起こることになります。

いっぽう法然たちは、明恵のような考え方を「エリート主義」として退けようとしました。こんな末法の世に、いったい誰が明恵のように難しい修行を、易々《やすやす》と乗り越えていくことなどができるでしょう。いったい今の世の中に生きている誰が、『華厳経』のような難解で巨大な経典の勉強に没頭して、それを理解することなどができるでしょうか。末法には末法にふさわしい仏教の教えがあるはずだ。それが「南無阿弥陀仏」の名号一つ唱えるだけで阿弥陀如来の救済間違いなしと教える、易行《いぎょう》念仏宗であると法然たちは主張しました。この教えは、とりわけ庶民の心に深く染み入り、大きな思潮のうねりとなっていったことは、よく知られている通りです。

明恵は仏教を「東洋の学問」の最高の形態と考えて、華厳的瞑想に打ち込んだのですが、法然たちは、仏教を学問から宗教に奪還しようとして、称名《しょうみょう》念仏を唱えたとも言えるでしょう。世界とその中に埋め込まれた人間の心を正しく認識するために、明恵は仏教の学問と瞑想に打ち込んだのにたいして、法然たちは末世における人間の心を救うために、人々に念仏を勧めたとも言えます。

たしかなことは、法然や親鸞の考え方が、仏教の「近代化」に確実に道を開いたということです。浄土というものにたいする古代的な全体性の感覚が失われて、世界は一つの「選択《せんじゃく》」された方向に方向づけられた、非対称の構造に変化していきます。明恵はそれが仏教の根本の思想に反するものと考えたのですが、その後に現実に起こったことを見ると、その思想は古めかしい保守主義として、真剣な検討の対象とされてきませんでした。

とくに明治時代の知識人たちは、親鸞の思想に強く惹かれていました。その思想がカントやヘーゲルなどの近代思想と構造的な共通点を多くもっていたために、一方から他方への行き来が容易だったためかとも思えますし、華厳教学のような古代的な思想体系と近代ヨーロッパ思想とを結びつけて、自在に相互比較をおこなえるような段階にはまだなかったからかも知れません。そういう時代に、南方熊楠は自由な思索者として、華厳経に並々ならぬ関心を寄せたのです。

明恵にとっての浄土宗の問題は、南方熊楠にとっての近代科学の方法論の問題でした。明恵の念仏批判の論理構造は、熊楠の近代科学批判の論理構造と、驚くほどよく似ています。明恵にとって仏教は、世界という「大不思議」に踏み込んでいくための確実な方法を、人間に与えてくれる実践的な学問を意味していました。念仏はその学問を宗教に作り変えてしまう、それゆえに明恵は法然に反対しました。それとよく似て、科学は熊楠にとっては自然界の「大不思議」を解明する知的探求を意味していました。その探求をするのに、ロゴス的な因果論に依存しているいまの科学の方法では不十分だと考え、東洋のレンマ的方法による科学の全面的書き換えを夢見たのでした。

じっさい事物の因果関係については、ヨーロッパ哲学でも早くから困難が指摘されてきた。もしも果が最初から因の中に含まれているとすれば、因と果は同一のものになってしまうし、因と果はまったく無関係のもの同士ということになれば、両者の間にはつながりがない。自然科学はこういう困難を無視して、因果関係をさもあたりまえのこととして、両者を関数として扱うのです。

レンマ的な知性からすれば、事物の間に科学が仮構するような単純な因果関係は存在しません。「大不思議」は縁起のネットワークによって形成される、複雑な全体性をかたちづくっています。それをとらえることのできる科学を、熊楠は捜し求めていたとも言えます。因果関係がなりたたない、全体が縁起によって運動し変化していく現象の記述は、一部分が現代の量子力学によって実現されています。

南方熊楠が夢見ていたのは、世界の事物の全体性を一貫した方法で表現することのできる拡張された科学と、それにもとづいた世界観をつくりだすことでした。その拡張された科学の原型を、熊楠は華厳経の中に見出したのです。華厳経の中には、全体性の空間である「法界」に起こる変化と運動のメカニズムが、詳細に記述され説明されています。それを法蔵は『華厳五教章』の中でわかりやすい概念記号であらわそうとしましたし、鈴木大拙《だいせつ》などは現代の記号論理を使って、「法界」に張り巡らされた連絡網を表現しようと試みています。ですからこの問題に関するかぎり、レンマの知性作用に基づく「来るべき科学」を求めた南方熊楠は、けっしてドン・キホーテではないのです。

5 「不思議」の構造

南方熊楠が那智の山中で着想したのは、華厳経に描き出された「法界」の構造と運動（連絡）の図式を用いて、近代科学の領域と研究方法を拡張するための、革新的な考えでした。土台に据えられているのは、ヨーロッパ哲学と科学の基礎となったロゴスの知性作用ではなく、仏教の基礎をなしたレンマの知性作用です。

ロゴスは、①同一律②矛盾律③排中律という三つの法則でなりたっています。近代哲学ではカントによって①同一律が取り除かれ、ヘーゲルによって②矛盾律が取り除かれましたが、③排中律を取り除いて哲学思考の拡張を図った哲学は、まだあらわれていません。ところが東洋の思想伝統では、ロゴスの三法則すべてを取り除いたレンマ的な思考が、仏教の中で大発展をとげます。華厳経はその発展の古代におけるピークをしめしています。

「法界」はロゴスの法則ではとらえることができません。そこは同一律や矛盾律どころか、排中律さえ効かないレンマの空間です。ロゴスが排除している「生」と「死」の同時生起や重なり合いも、平気で起こっている融通無碍《ゆうずうむげ》の世界です。その「法界」の中に私たちのよく知っている現象も生起し、そこではロゴスの法則も近似的になりたつことを許されています。

華厳経によるとその「法界」は、レンマの空間としてつぎのような四つの内部構造を持っています（それぞれの項の説明は末綱恕一『華厳経の世界』春秋社による）。

① **事法界**　個々の事物が対立し、相依り相俟って、差別相の世界を形成しているところをいう。
② **理法界**　差別の理法は一々対立しているが、その体法は平等一如であるところをいう。
③ **理事無礙法界**　理と事とが交錯し、円融して、自在無礙なる世界をなしていることをいう。
④ **事々無礙法界**　理と事とばかりでなく、事と事とがまた相即相入して、一即一切・一切即一となり、円融無礙なる世界をなしていることをいう。華厳円教の説く世界とはこれである。

事法界とは、一個一個の事物が分離・自立している世界を言います。私たちが物の世界を認識するときには、「一法界」であるところの私たちの心の事法界が働いているわけです。ですからこの私の手元にあるコップとペットボトルは別々のものとして差別されます。そこに理法界が働きますと、コップとペットボトルの差別は認めながらも、それが同じプラスティックを成形するときの違いから発生する差別で、物質の本性としては同一である、と認識するようになります。

あらゆる生物が程度の差こそあれ、事法界と理法界の二つを組み合わせたバイロジック（複論理）を使って、「一法界」の中で生き死にしています。これが人間の心ではさらに自由度が大きくなって、事法界と理法界の間を自在無礙に行ったり来たりできるようになります。これが理事無礙法界です。事法界が分離している事物が、理法界では同一のものとして重ね合わされることになりますから、人間の知性に特有なメタファーなどの作用も、この理事無礙法界の働きによって可能になっているわけです。

事々無礙法界では、「理と事とばかりでなく、事と事とがまた相即相入して、一即一切・一切即一となり、円融無礙なる世界をなしている」。華厳円教（完成した華厳の教え）が説く「仏の世界」とは、法界の中でももっとも微細な知性作用であるこの事々無礙法界のことをあらわしています。ここでは心と物の差別もありません。すべてが「一法界」の中に生起するものとして、相即相入しあっています。

事々無礙法界では、すべてが相即相入しあいながらレンマ的に関連しあっていますので、情報の連絡は光速を超えた速度でおこなわれる、と考えることもできます。法界の内部には、このような構造をそなえた法界も含まれているので、華厳経がそれを「大不思議」と呼んだのも納得ができます。心そのものである法界は、それこそすべての作用において「不思議」なのです。そこで南方熊楠は「来るべき科学」でもある未知の学問の全領域を、つぎのような四つの種類に分類したのでした。華厳経の概念と対応させて、それを書いてみましょう。

〈熊楠〉	〈華厳経〉
事不思議	事法界
物不思議	理法界
理不思議	理事無礙法界
心不思議（大不思議）	事々無礙法界

熊楠は、華厳経の立てた概念を絶妙にカスタマイズして、事不思議、物不思議、理不思議、心不思議（大不思議）という不思議の内部構造につくりかえようとしたわけです。自身の理法界を自在に働かせてつくったこの改造によって、近代科学と華厳思想を「相即相入」させようとしていたことがわかります。そのことについて書かれた手紙の一節を読んでみましょう。

ここに一言す。不思議ということあり。事不思議あり。物不思議あり。心不思議あり。理不思議あり。大日如来の大不思議あり。予は、今日の科学は物不思議をばあらかた片づけ、その順序だけざっと立てならべ得たることと思う。（人は理由とか原理とかいう。しかし実際は原理にあらず。不思議を解剖して現像《げんしょう》団とせしまでなり。このこと、前書にいえり。故に省く。）心不思議は、心理学というものあれど、これは脳とか感覚諸器とかを離れずに研究中ゆえ、物不思議をはなれず。したがって、心ばかりの不思議の学というもの今はなし、またはいまだなし。（『南方熊楠　土宜法竜　往復書簡』八坂書房）

ロゴスの限界で「不思議」が出現します。そこに踏み込んでいくには、排中律すら取り除いたレンマの知性作用による必要があります。しかしその「不思議」の内部にもさらに構造があり、その中でもっとも自由な（自在無礙）心不思議に至っては、脳科学ですら「象を撫でる」程度のことしかできていない、というのが南方熊楠の考えでした。私も熊楠と同じように「心ばかりの不思議の学」というものに挑戦し続けているのですが、「今はなし、またはいまだなし」とつぶやき続けています。

おわりに

南方熊楠の思想については、お話ししておかなければならないことがまだまだたくさんありますが、そろそろ時間となりますので、最後に一つだけ、「夢」のことについて話しておこうと思います。夢は熊楠にとってきわめて親しい現象で、夢の導きによって生物学上の発見をなしたことが何度もありました。この点で、熊楠はふたたび明恵に接近するのです。明恵もまた夢を通じて「内証」の覚醒をする体験を、何度も持ちました。熊楠と明恵は夢をつうじても、深いつながりをもつのです。

熊野の山中を何度歩いても、いっこうに粘菌や苔類の新種が発見されない時期が続きました。那智の森は広く深い。どこへ行こうにも、見当がつきませんでした。ところが夢の中に求める植物が出てくるのです。その場所へ行くと新種の蘭があると、まざまざと夢の中で見たのです。寝覚めてから大慌てでそこへ出かけてみると蘭はじっさいにあって、しかも驚くべき新種の発見がなされたのです。

この出来事を熊楠はどう理解したのでしょう。華厳経を愛好した熊楠は、この夢はまさに人間の心が「法界」としての構造をもつことをしめしている、と考えたのではないでしょうか。事法界や理法

熊楠	高次元への通路	法界への通路	明恵
	夢の語法	夢の語法	
	隠在の顕在化	悟りのイメージ化	
	夢を生きる	夢を生きる	
	(科学的発見法)	(菩薩行)	

夢見の明恵と熊楠

界の内部に閉じ込められている心には、理と事や事と事が融通無碍に相即相入する、理事無礙法界や事々無礙法界の活動している心の層への通路が閉ざされているので、現実空間の壁に阻まれて、目的の場所に自由に近づくことができずにいます。ところが夢がその通路を開いてくれるのです。夢を通じて、人間の心は「法界」の深い層にまで、やすやすと入り込んでいく事ができます。すると、事法界や理法界の中で考え求めていてもちっとも埒《らち》があかなかった問題の解答が、夢の中で急にわかったり、発見したいと望んでいたものが突然見つかる、といった体験が起こるのです。

　夢は隠れているものを顕在化させる力をもっています。隠れているものは、ほんとうに隠れているのではなく、表にさらされてそこにあるのですが、私たちの心がなにかに囚われているせいで、目の前にあるそれが見えなくなっています。夢は「法界」の深い層への通路を開くことで、隠れているものを見えるようにしてくれます。科学的な大発見や芸術家のすばらしいインスピレーションが、そういう夢の中で「見える」ものとなったおかげで、人間の世界にもたらされたという実例を、私たちはよく耳にしますが、それも「華厳的現象」の一つと考えられるのではないでしょうか。

南方熊楠は詳細な夢の記録をつけていました。明恵はさらに克明な夢の記録を残しています。明恵も夢に深い関心を持っていました。明恵は座禅の達人でしたから、おそらくは瞑想の体験が開く「心＝法界」の光景と、夢の中で活動している「心＝法界」の光景との関連に、興味を抱いていたのであろうと思われます。

瞑想と夢はどちらも「法界」への通路を開く力をもつものとして、密接につながっています。瞑想と夢が開く理事無礙法界や事々無礙法界の働きを、自らの人生に組み込みながらおこなう実践こそ、大乗仏教が「菩薩行」と呼んでいるものにほかなりません。明恵は称名念仏によって菩薩行をおこなおうとしたのではなく、学問と瞑想によってそれを華厳的におこなおうとしたのでした。

南方熊楠が学問の世界で実践していたのも、それとよく似た菩薩行だったのではないでしょうか。熊楠がその実現を夢見ていたのは、「法界」の深い層への通路を開く力をもった華厳的学問でした。明恵と熊楠は、その点でうりふたつだったと言えましょう。

ムシホコリの変形体（子実体形成のため移動する）

トビゲウツボホコリ（完成直前の子実体）

ホソエノヌカホコリ（乾燥する前の若い子実体〔上〕　乾燥して子のう内部の網状の細毛体が膨らみ子のう壁が裂開している〔下〕）

イリマメムラサキホコリ（胞子を放出する）

変形体

変形体の原形質が先に
集まり、球状の子実体
原基を作る

子実体原基が形作られると、
各々の内側に基部から黒い軸が
伸びる

子実体の形ができあがると内部で胞子
が作られ白色→褐色→黒色と変化する
クサムラサキホコリのライフサイクル

全体が乾燥して完成した子実体

写真：伊沢正名

第二章　アクティビスト南方熊楠

はじめに

「アクティビスト南方熊楠」のおこなった活動は、現代の政治的アクティビストよりもはるかに大きな射程を持っていました。それは政治的課題としての環境問題ばかりではなく、人間の心の根底にある「自然」の問題にも深く関わっているものであり、南方熊楠の事をたんに「エコロジーの先駆者」というだけでは、とてもおさまりのつくようなものでないことはすぐにわかります。

その射程の大きさに思いを馳せてみますと、現代のエコロジー思想がいかに狭い視野しか持っていないかに、気づかされます。今日は南方熊楠が人生の一時期を費やして取り組んだ「神社合祀反対運動」の本質を考えてみようと思います。熊楠の行った活動の意味を考え直してみることによって、現代のエコロジー思想の拡張を図ってみたいというのが、私の望むところです。

神社合祀反対運動は、近代日本の形成と深い関わりを持っています。明治政府の断行した「神社合祀」には、近代日本の本質の一つが示されています。その本質は現代日本にもつながっているものですから、南方熊楠がおこなった反対運動には、現代にまでつながる問題が含まれています。

かつて鶴見和子さんが指摘されたように、それは地球規模にまで広がってしまった自然環境の危機に立ち向かおうとする思想運動の、まさに先駆けをなすものでした。ところであらゆる「先駆け」には、その後の運動の展開の中で忘れられてしまうことになる重要な視点や発想が、原初の始まりの豊かさの中に含まれているものです。私は今では忘れられてしまっているそうした視点や発想をもう一度掘り出すことによって、「アクティビスト南方熊楠」の全体像を復元してみたいと思うのです。

1　近代の神社

神社合祀の問題を理解するためには、まず近代の神社がどのようなものであったかという話から始める必要があります。神社は長い歴史をとおして、けっして同一のものではなく、大きな変化を体験してきました。とくに明治維新後の変化は激しく、それ以前と以後とでは、同じ神道でもまるで違う表情をしているように思えます。

明治時代には神道そのものが大きくつくりかえられました。それまでは多くの神社が自分の敷地内に神宮寺という仏教寺院を付属させていて、神官は祝詞《のりと》を唱えたあとに般若心経を唱えていましたし、神道と仏教をミックスした神仏習合の考えにのっとって、祭儀が執り行われました。このような状態に終止符を打ったのが神仏分離と神社合祀の政策で、それによって神道は大昔のような純正さを取り戻したと考えられましたが、じっさいには明治以後の神道のありようは、どんな「大昔」にも存在しないものでした。

それにあわせて神社のありかたも、大きく変化していきました。神仏分離政策によって多くの神宮寺が破却され、神社の内部から仏像ばかりではなく、およそ仏教的な要素の徹底的な排除がおこなわれました。神仏習合の最たるケースである修験道などでは、山伏たちは仏教を捨てて神官となることを強制されました。

神社合祀政策の以前と以後では、神社の数は半数以下に激減させられてしまいました。各村に鎮守の神社一つを残して、他の多くの祠《ほこら》や森は消滅させられてしまいました。その理由はあとでゆっくりお話しするとして、南方熊楠にとってこの政策のもっとも由々しい問題点は、神社数の激減にともなって、それまで神社を包み込んでいた森や有数の樹木がつぎつぎと切り倒され、売却されていくという事態が、日本中でおこっていたことにありました。

神道において、神社とそれを包み込む森は、不可分の関係にありました。森は神道の本質と深くつながっています。そのために、神社の森と植物を守ろうとした熊楠の運動は、日本文化や日本人の精神性の根幹に深く触れることになったのです。神と神の森とは、日本人にとってどのような意味をもっているのか。森が破壊されることで、日本文化はいったい何を失うことになるのか、神社合祀反対運動を展開する熊楠の思考は、そういう重大な問題を同時に考え抜こうとしていたのです。

明治維新の思想的原動力となったものの一つに「国学」があります。もともとは契沖《けいちゅう》や本居宣長《もとおりのりなが》といった江戸時代の思想家によってはじめられた学問的な運動から出発していますが、しだいに政治的な主張を全面に掲げる運動に変わっていきました。その中心地となったのが水戸藩でしたが、じっさいにこれを活用して、体制変革の論理に据えたのが長州藩のアクティビストであったことは、皆さんもよくご存知でしょう。

日本人に固有なものの考え方や感じ方などを探ろうとした国学は、当然のことながら神道を重視しました。神道の中にこそ日本人のエートスの純粋な形が保存されていると考えたのです。ところが国学思想家たちの知っていた現実の神道は、少しも純粋なものではありませんでした。江戸時代には中世以来の神仏習合の形態が当たり前とされていて、神道の神様が仏教とくに密教の仏や神と同一視されたり、神社の中で護摩が焚かれていたり、僧形の神官が神前で仏教のお経を読んでいたりというのが、その頃の多くの神社では常態となっていました。

幕末の国学者たちは、こういう事態を憎みました。神仏習合では、日本の自生的な思想である神道と、インドで発生し中国で発達した仏教という外来思想が、ごちゃまぜになっていましたが、そういう状態こそ国学の敵にちがいありません。そこで幕末の水戸藩では、神道と仏教を分離する「上からの」過激な運動が繰り広げられることとなりました。具体的には、神道と仏教を引き離すための「神仏分離」、お寺や仏像を破却する「廃仏毀釈《はいぶつきしゃく》」の運動が展開され、僧侶や山伏は神官となって神に仕えるか、さもなければ還俗《げんぞく》せよという命令が、実行に移されたのです。水戸藩におけるこの国学原理主義運動は、そうとうファナティックに繰り広げられたようです。

薩長による明治維新が断行されると、水戸藩におこったこの運動は、瞬く間に全国に波及していくようになります。ついこのあいだまで神様と仏様は同じ尊い存在と考え、神道と仏教の習合をごく自然なこととみなして信仰にいそしんでいた日本人の多くが、こんどは神仏分離だの廃仏毀釈だの言う「上からの」掛け声がにぎやかになると、とたんに寺院破却、仏像廃棄などと言い出すしまつ。村の者が寄り集まって寺へ押し掛け、仏像を破壊したり装飾品に鋳直したり、神宮寺を打ち壊したりと、このときも、日本人はきわめて順応性の高い、権力になびきやすい性質を、存分に発揮してみせました。このとき破壊をまぬかれた仏像仏具の多くは、安い値段で売り払われて、海外に流出してしまいました。

できたばかりの明治政府は、諸外国からの圧力に耐えながら、国家建設を進めていました。「諸外国」とはじっさいには資本主義という西欧産の世界システムのことにほかならず、資本主義はその頃すでに帝国主義の段階に入り始めていましたから、明治政府の抱いた危機感には並々ならぬものがあったはずです。

そうしたとき明治政府は、一方では殖産興業を進めて世界システムの中での地位を確かなものにしようとしました。その産業を基礎として、軍備を拡張して欧米に対峙しようとしました。そしてもう一方で、日本人の心を均質化して強化するために、イデオロギー的な道徳教化を推し進めようとしました。そのとき目をつけたのが、神道と村々にあった神社の機能でした。神道をキリスト教のような宗教につくりかえ、神社に西洋の教会のような働きをさせようと考えたのです。

西欧の資本主義の背後には、巨大な建築物のような神学体系をもつキリスト教があって支えとなっていましたが、日本の神道はもともと教義化や体系化を好まない自然宗教でしたし、神仏習合時代の神道にいたっては、神々の意味づけを密教の理論で固めるという野放図な状態にありましたので、この点でも神道の純化と理論化が強く求められておりました。神社を近代化された組織に再編するというのは、それに並行した動きです。

明治新政府ははじめ神道を日本人の精神生活の中心に据えようとしましたが、それはなかなかうまくいきませんでした。神道中心にするために、キリスト教を排斥しようとも考えましたが、これは欧米列強の猛烈な反対に遭って頓挫します。幕末に結ばれた不平等条約を改正するためにも、西欧のご機嫌をとらなくてはならず、そのために、明治の初年には禁止していたキリスト教を認めて、布教の自由を許可します。最初の頃は政治の中にも神道や国学の思想が大いに入りこんでいたのですけれども、これも西欧列強の反対を意識して、いちおう政教分離という建前をとります。そのとき、神社のお参りは各地の人々の自由に任せるとまで言っています。

神社はもともと各地の藩や幕府の保護を受けているところが多く、そこから下りていた補助金によって経営がなされていました。神官さんというのは昔から割と貧乏です。専業の神官というのは少なく、たいていの場合ほかの副業をしながら代々の神職を受け継いでいました。お寺も昔は貧乏なところが多く、いまのように観光で栄える寺などはあまりありませんでした。ともかく、維新の頃は寺も神社も、経済的にはあまり恵まれていませんでした。とくに地方の神社の神官は、地元の氏子たちの寄付によって生活が支えられていました。

明治政府は初期の頃は、神道を国家宗教として称揚し、神社に補助金を与えて手厚く保護しようと考えていたわけですが、これが諸外国からの反対にあってできなくなると、しばらく続いていた神社への補助金も打ち切られるようになります。どうぞみなさん自由にやってくださいということになった。そうなると困ったのが神官さんたちです。生活がいっそう困窮してきました。さらに困ったことが起こりました。日本には、じつに数多くの神社や祠があって、そこにさまざまな神様がお祀《まつ》りされていました。ひとつの村の中でさえ十を超す、ちいさな聖所がありました。そのたくさんの神社や祠を、かつては村の人たちが自ら管理し、祭日には丁寧なお祭りをやっていたのですが、明治時代になって神道の価値が称揚されるようになると、神社の神主は村の小さな祠に対してまで責任を負うようになってきてしまいました。

こうして神社の神主たちは、村の小さな社や祠で行われる祭礼にまで、出かけていかなければならなくなります。村の人たちも昔の篤い信仰心に比べると、ずいぶんドライになってきて、祭礼の際に神主に渡される謝礼の額もだんだん減ってくるようになります。報酬は少ないのに、仕事の量と責任だけが増すようになった。神官さんたちの生活はますます困窮していったと言います。明治政府の神道政策は、いろいろなところで行き詰まりを見せていました。

そこで方向転換が図られることになります。神道を国教にするのは難しいということがわかってきた頃のことですが、ここで神道は宗教ではなく道徳だ、という考えが出てきたのです。政教分離をすると、キリスト教や仏教と並び立つ同じ宗教の一員として、神道を扱わなければならなくなります。それだと神道はキリスト教や仏教と同じ土俵に乗せられて、比較される関係になってしまいます。神道が宗教ではなく民族の道徳だということになれば、比較を超越した存在になれるでしょう。

こうして神道は道徳であるという考えが登場することとなります。国民道徳の崇敬の対象として神道を位置づけ、神道を道徳の礎《いしずえ》とする、という考えが喧伝されはじめました。そうなれば神道は宗教から分離されて、道徳としての自由な身分を得て、国民精神の礎となる道が開かれます。そこでは神社は精神教育の礎の場所ということになります。こういう考えが出てきた頃、教育勅語や帝国憲法など、近代日本の基礎をなすさまざまなシステムが完成に向かおうとしていました。

2　道徳と神道

こうして近代日本の確立とともに、神道は道徳に近づいていったのです。道徳は日常生活を律していく価値観の体系を指しています。その体系を律しているのが神社の神様だということになります。これは考えてみるととても不思議な話です。キリスト教や仏教が道徳かと言えば、そうだとも言えるし、そうでないとも言えます。すべての宗教が道徳としての一面を持っていますが、道徳を踏み超える大胆さも宗教には含まれています。神道についても同じことで、たしかに道徳の守り手としての働きも持っています。しかしよく考えてみればわかるように、日本人が伝統的に守ってきた生活様式の自然な形が、神道の中に純粋な形として集まってきていただけで、箸はこう持ちなさい、年長者を敬いなさい、襖はこう開けなさいなどという生活の教えを、別に神道が決めていたわけではありません。そういった道徳はごく自然な形で日本人の中に根付いていて、その人たちが神社にお参りしていたということなのです。

ですから、神社と道徳は深いつながりはあるけれども、神社があったから日本人が道徳的だったわけではなく、もともと道徳的だった日本人の産み出した超越の思考が神道であった、というところがほんとうのところです。明治の近代国家は、この関係を逆転しようとしました。神社の存在によって日本人の道徳は支えられ、神社こそ道徳の礎をなすという考えです。神社にお参りするのは、それによって国民道徳を堅固になさしめるためであり、国民生活を正しく守っていくには神社の意義は大きいとまで、声高に語られるようになりました。

国民道徳の礎としての神社という政策的な考えが登場してきますと、神主さんたちの仕事はますます煩雑になってきました。前にも申しましたように、日本には中世の惣村以来の鎮守の神社だけではなく、大小さまざまおびただしい数の社や祠が存在しており、神社の神官さんたちはそれらすべてに責任を負わされるようになったからです。しかもそうした社や祠には、とても国民道徳を養うとは思えない神々が、数多く祀られていました。神社合祀運動というのは、じつはこのあたりのことに含まれる明治の近代神道の矛盾から発生してきたものであり、それをじっさいに推進したのは、責任の重圧に苦しんでいた神官さんたちだったのです。

3　淫祠と神道

明治の後半に入ってから、神官たちに課せられた仕事の量は、かつてなく過重なものとなりました。小さな社から祠まで、神様に関わるものはすべて国民道徳涵養《かんよう》のために、丁寧な管理をしなければならなくなったからです。名神大社《みょうじんたいしゃ》ならまだしも、庇護の対象の中に含まれる社や祠の多くは、鳥居や社殿を備えた立派なものではなく、内部を覗いてみるとまるで道徳とは真反対のいかがわしさをたたえた神様たちが祀ってあるのです。日本人の神道のもう一つの顔が、そこには妖しく笑いかけています。そうした神々の実例をいくつかお目にかけてみましょう。

これは富士山信仰の中で作製された大黒天の像です。陽物大黒と呼ばれ見覚えのあるものを象《かたど》っています。その下は、富士山を象徴したご朱印です。真ん中に描かれているのが富士山で、ご本尊の木花咲耶《このはなさくや》姫《ひめ》を象徴しています。ところがまことに不道徳なことに、真ん中に「開」という文字が入っていますが、これは遊郭で女性器を指す隠語です。江戸時代の庶民はこういったものを喜んでもらってきては、神棚に祀ったり、祠に入れたりして神聖視していました。明治時代の生真面目な神主たち

ユーモラスな性愛像で、母体の胎児を思わせる。以前は三猿を彫った台石に乗っていた。兄妹相姦の神話に基づいているとされる。
(都留市夏狩)
(伊藤堅吉『路傍の性像』)

陽物大黒（上）
富士朱印・宝珠は女陰（下）
(伊藤堅吉『富士の性典』)

は、これを見てさぞかし困ったことでしょうね。

その隣にあるのは道祖神の像です。私の父親は道祖神を研究する民俗学者でしたから、書斎にはこんなものが溢れていました。あるとき少年の私は父親に尋ねました。「お父さんはなにをしている人なの?」。父はうれしそうにこたえましたっけ。「淫祠邪教《いんしじゃきょう》の研究をしているんだよ」。

道祖神は淫祠の典型ですが、庶民の中でのその人気は抜群なものがありました。甲信越のどんな村に行っても、小字《こあざ》ごとにさまざまな意匠の道祖神が祀られ、小正月にはそのまわりで盛大な火祭りがおこなわれました。子供たちが中心になって、エロティックな道祖神像の前で、猥褻《わいせつ》な唱《とな》え言《ごと》を合唱しましたが、小中学校の先生たちもこれは黙認せざるをえませんでした。

日本に一番多いのは稲荷の神様ですが、この神様もまたほんらいは道徳とはあまり関係がありません。あの赤い鳥居と狐の姿をした荼吉尼天《だきにてん》から、なんらかの道徳的教訓を引き出すのは至難です。そもそも荼吉尼天はインドの墓地に住んで死体を食べる吸血の女神でした。それが神仏習合によって、稲作の神と習合したものです。古代の墓地や古墳の跡などに、稲荷神は祀られましたが、その背後には、稲のような植物は女神の死体から生まれたという古代神話が潜んでいます。それと墓場の女神である荼吉尼天が、結びつけられたわけです。このように稲荷神は生と死の根源から出現してくる表現であるので、人間世界の道徳などを吹き飛ばす力を秘めています。多くの稲荷神社では、そういう本質を隠して「安心してください」というメッセージを伝える努力を重ねて、今日にいたっておりま

伏見稲荷大社
立派な社殿を構える（上）
千本鳥居の先には数多の
塚がある（下）

す。

「淫祠邪教」、それがこういう神々に与えられた公式の呼び名でした。呼び名というか蔑称でした。しかしたとえ淫祠邪教の神様でも立派な祠を与えられ、小正月や初午の日には、地域総出の盛大なお祭りがおこなわれていました。神社合祀以前にはこういう神様たちの祭りの管理も鎮守の社の神主たちに委ねられ、責任をもって国民道徳涵養のため努力してほしいというのが、神祇官からのお達しでした。中央にいるエリート神祇官たちには、地方庶民の神様事情がよくわかっていなかったのですね。

しかし、国民道徳とこういう神々は、いったいどういう関わりがあるのだろうと、真剣に考える人たちがあらわれるようになりました。これは道徳とは無関係なのではなかろうか。しかし道徳とは無関係でも、これらの神々は自然の生命力に深く関わりをもち、とくに人間内部の「自然力」を視覚的に表現するとこのような形態になる、という類の神々です。社会の秩序を維持するには道徳が必要ですが、その社会なるものの土台になっているのは自然の生命力で、そうなると「淫祠邪教」の神々こそ世界の根源であり、道徳の神々はその派生である、という考えにもなります。じっさい庶民の考えはそうでした。

ところがエリートたちはそう考えなかった。神道は道徳の最高の形態であり、郷土の生活価値の中心をなすという「神社中心説」が、中央の神祇官僚たちに大きな支持を集めるようになってきました。鎮守の森の神社こそが村の中心とならねばならない、人々がそこを参拝し、力を合わせて管理するようになれば、国家秩序の根幹は草の根から強く支えられるようになる、という考えです。名神大社には多額の国家扶助も約束されましたから、いよいよ神社を盛り立てていこうとする機運が高まっていきました。

ところが大きな神社には多額の国の扶助が出ましたが、小さな村の神社や由来の定かでない社、さらに「淫祠邪教」の祠などには国家扶助は出ないのは当然です。そうなるとこういう小さな神社を大きな神社にまとめて「合祀」しようという発想が、自然に生まれます。そうすれば神主さんたちの負担は減る上に、補助金の額は増えていく道理です。こういう動きが全国にどんどん広がっていきました。そこから神社合祀という、国を挙げての大運動が始まったのです。この運動は神道界からの要請によって始まったものですから、これと闘った南方熊楠の苦闘のほども察せられようというものです。

こうして小さな社や祠は全部まとめて、村や町の中心にある大きな神社に移されることになりました。原始的な神々を祀った祠などは、文明開化の敵「淫祠邪教」として破却されました。このとき全国にあった神社の総数は、半数以下に減らされ、多くの原始的祠の類は壊されたり捨てられたりしましたから、官民を巻き込んだこの運動は、近代日本における最大の「文化大革命」であったと言えるでしょう。

その結果、村の中心に鎮座する「一社」だけが、道徳精神涵養の場として残され、多くの小祠がその神社の周辺や裏手にまとめて祀られることになりました。日本人の信仰では、神の聖所は森によって包まれていなければならないものでした。ところがその神の森の中にあった社や祠が引っ越しさせられてしまうと、残された森はきわめて危険な状況に晒されることとなります。廃止されてしまった神社の土地権利は「一社」の管理に移譲され、自動的に森林伐採の権利もまたそこの神主の判断に委ねられることになりました。森林を伐採して得た資金は、神社の経営費に回してもよいなどという通達まで出るようになると、多くの神社が率先して森の破壊に乗り出しました。

4　神社整理から神社合祀へ

明治三十五（一九〇二）年から神社界が「神社整理」を始めます。国家がやったことではなく、神社界がみずから率先してやったことなのです。「神職の奉仕を全うするため、神社維持を完全にするため、無格社〔注：社格が最下位の神社〕はほとんど一小石祠《せきし》にすぎず、一家の氏神のようであるため、敬神の実績を上げるため合祀移転すべきである」といった意見の下に整理統合は行われました。

この整理統合によって、神官の経済的立場は大いに改善されましたが、これを機に神道は内面的な変質をとげることとなります。

それまで神道は決して道徳一本槍のものではありませんでした。道徳の側面を持ちつつも、道徳を超えた価値、すなわち人間的価値の外に広がる自然と宇宙に開かれた価値に通路を開いていました。ところがそれ以後の日本の神道は、道徳的な側面を前面に出して、それ以外の「人間ならざるもの」の領域につながっていく要素を隠してしまう傾向を持つようになります。さきほど少しお話しした「神社中心説」では、人間共同体の価値を支える場所として、神社の意義が強調されました。これによって人間世界の外に広がる自然の領域に触れていない神道という、いま考えるとそら恐ろしいほどに貧しい神道が生まれてくることになります。神道という日本人の自然宗教の命は、自然との強い結びつきのうちにあります。みずからを道徳化することによって、当時の神道は自殺行為をおこなっていたとも言えます。

日本の神々は、二つの祖型《プロトタイプ》の結合からなりたっています。一つの型に属する神々は人間世界の中心部にいて、共同体の価値と秩序を守る働きをしています。鎮守の森に残された「一社」の神様が、その役目を担います。もう一つの型の神々は、人間世界の外側からやってきて、非人間（人間的な価値世界に組み込まれていないもの）領域の力を、内部に運び込んでくる役目を果たします。この型の神は、鎮守の神のように神社に常住することがなく、時を定めて出現して、役目を終えると人間世界の外に去っていきます。

このうち、人間世界の外にある自然的な諸力を内部に運び込む役目をする神々が、道徳化された神道にとってのやっかいな存在でした。外の力を運び込むこれらの神々を、「非人間な神々」とでも呼ぶことにしましょう。非人間な神々は、まだ人間世界に運び込まれて荒々しい力を撓《たわ》められてしまう前の、野生の力をみなぎらせています。顔つきも姿形も荒々しくデフォルメされていて、激しく踊りまくる活力を発散させています。しばしば「鬼」と呼ばれることもあるこういう神々は、道徳以前の自然状態をあらわしていますから、反道徳を意識しないでも、そのままで道徳の埒外の存在です。

伝統的な神道は、人間世界の秩序を守る祖霊的な神々と、このような非人間な神々を組み合わせる複論理を用いて、宇宙の全体性をまるごとつかみとろうとしていました。「神社整理」から「神社合祀」に至る流れの中で、近代日本の神道界がおこなおうとしていたのは、伝統的神道の保っていた宇宙的な全体性を分解して、秩序と道徳の機能だけを残して、神道の一翼を形づくってきた非人間領域への通路を破壊してしまうことでした。それが日本人の精神に取り返しのつかないダメージを与えてしまったことは、しばらくして明白な事実となります。

生命の根源に思いを馳せてみますと、人間の世界ですら道徳を超えた自然力が働かなければ、とうてい成り立ちえないことがわかります。そういう自然力は、人間にあっては意識の外の無意識を通じて、生命と心に働きかけています。人間的な世界の内部の、しかもその中心には、もっとも重要なものは見つからないのです。非人間の領域と結ばれているそれは、空間で表現すれば、村や町の中心にはおりません。端っこにいて、境界の外からやって来る諸力を受け止め、自分が変換装置になって、それらの諸力を撓めて、人間世界の内部で活用できる「和の力」とします。神道の道徳化や神社合祀の政策は、その重要な境界の変換装置を破壊してしまいました。

人間世界の中心にある「一社」に鎮座する「道徳の神」だけになってしまった神道からは、非人間な諸力に通路を開く「非道徳の神々」の姿が、見えなくなってしまいました。これらの神々がいなくなると、人間は自然力への通路を失って、人間的あまりに人間的な道徳の言葉によって支配されてしまうようになります。

日露戦争（一九〇四〜一九〇五）や大逆事件（一九一〇）以後の日本で断行されていた神社合祀によって、何が起こったのかと言いますと、人間が人間的な価値世界の内部に閉じ込められてしまうという事態です。しかもそこでは、富国強兵という国家的価値・経済的価値が最優先されています。神社の道徳化は小さな神社群の破壊消滅を招き、その破壊によって神社の森が伐採されて、更地になった土地の売却が進む。それまでお金の侵入できなかった神社の森のアジールに、お金の力が侵入を果たし、自然力を経済や軍事の力につくりかえていく過程が、このの ち一気に進行したのです。このとき日本人の精神に起こった断層破壊は、現代にまで深い傷跡を残しています。

この神社合祀の時に日本人の精神に起きた変化というのは、未だに痕跡を残していますけれども、私たちの社会が抱える大きな問題もここに根差しています。つまり境界にいた神々を通して、人間の世界を超えた外の領域、あるいは宇宙からの諸力からもたらされた価値を私たちの世界にもたらし、私たちの生活に生かしていけるように変換していく装置を破壊してしまったのです。そして村の中心部には神社が一つ残ることになりました。

「神社整理」は神道界から起こった「下からの運動」でしたが、「神社合祀」は国家が旗振りをする「上からの運動」です。明治三十年代後半の不安な世相を背景にして、神社合祀は強力に推し進められました。神社を一つでも多く潰せばポイントが上がると計算した県令（知事）たちの中には、信心深い地元の人々の反対や陳情を押し切って、つぎつぎとご神木を切り倒し、材木にして売ってしまう者も多くあらわれました。

なかでもひどかったのが三重県で、ここではもともとあった神社のなんと八十七パーセントもが消滅しました。この辺りは伊勢神宮もあって敬虔な人々の多く暮らす地帯で、神道の歴史も古く、少し道を行けば小さな社や祠をたくさん見かけるような土地柄でした。伊勢が「神々の国」と呼ばれたのは、伊勢神宮があるというだけではなく、おびただしい数の神々を祀る小社が存在していたからです。神社合祀運動によってそのうちの八十七パーセントが壊滅してしまいました。

この三重県と並んで神社合祀運動の激しかったのが、南方熊楠の住む和歌山県でした。和歌山県令はじつにまじめな官吏らしく、県令としての成績を上げるために、強引な手法で神社合祀を強行していきました。

5　明治三十九年の南方熊楠

南方熊楠はこの時初めて、日本の神社が危機に瀕している現状に直面します。それまで熊楠はこのようなことを考えたこともありませんでした。アメリカやヨーロッパで十四年もの長きにわたって研究を続け、その地の学会で大いに認められるような業績をあげてきました。英国の有名な科学雑誌『ネイチャー』誌に数多くの論文を発表し、粘菌学者としての高い評価を得てきました。この方面の研究をさらに発展させるため、熊楠は日本に戻るとそのまま那智の山中に籠もって、粘菌の採集と研究を始めたのでした。

その頃の那智山は、今と比べてもたいへん豊かな自然に恵まれていました。那智の滝の近辺はとりわけ豊かな植物相に恵まれており、そこで次々と新種の粘菌の発見をします。この時代は熊楠の思考のもっとも創造的であった頃で、自然科学、民俗学、神話学、仏教学など多方面にわたって、独創的な思考が重ねられ、それらは友人たちに宛てた膨大な書簡によって、垣間見ることができます。

明治三十九（一九〇六）年に神社合祀の勅令が出され、熊楠が神社合祀運動なるものに気がついたのは、那智の森を出て田辺の町の中に居を構え、家庭を持った頃のことでした。神社合祀を定めた勅令によると、神社は境内が百五十坪以上なければいけなくて、本殿・拝殿・鳥居などを完備していて、氏子が五十戸以上なければならない。それ以下の小さい社や祠は合祀せよ、ということになっていますが、はじめのうちは何を馬鹿なことをと、相手にもしませんでした。

ところが明治四十年に入ると、神社合祀の動きはにわかに激しさを増すようになります。熊楠が植物採集によく訪れていた森の木が伐採され、理由はと聞くと、森にあった社が神社合祀によって撤去され、あわせて土地も売却されたというのです。現場に行って確かめてみますと、たしかにその通りの話です。そのとき南方熊楠は、神社に何が起こっているのかをはっきり知ったのです。そして神社合祀の名のもとに、人間の社会と精神と自然の生態系にたいする、致命的な大破壊がおこなわれていることに気づくのです。このときを境にして、熊楠は神社合祀反対運動に全身全霊で打ち込むようになります。

神社合祀反対運動をはじめた頃の熊楠は、ほとんど孤立無援の状態でした。それでも『牟婁《むろ》新報《しんぽう》』という新聞社の社長・毛利《もうり》柴庵《さいあん》は、そういう熊楠をよく理解して助けてくれました。毛利はなかなかくせのあるとても面白い人物でした。大逆事件で処刑されたうちの何人かは和歌山県人でしたが、毛利は事件の本質を理解せよという論陣を張って、政府のおこなっていることを批判していました。このような事件が起こったのは、日本社会が陥っている矛盾にある。人民の生活を犠牲にしての軍備拡張による富国強兵、財閥だけが肥えて太っている資本主義の現状にたいする、人民の不満がこのような事件を招いたものである、という主張です。このような社会主義の傾向を持つ友人たちが、熊楠の神社合祀反対運動を後押ししてくれていました。

ところが熊楠は、自分のやっている反対運動はそういった社会主義ではカバーしきれない、もっと大きな問題をはらんでいることに気づいていました。社会主義は人間の社会の矛盾や問題には敏感に反応しますが、神社合祀問題で浮上しているのは、彼らが気づいていないもっと大きな、自然生態系の問題に関わっている。いやそれは自然生態系だけではなく、人間の精神の生態系の破壊に関わってさえいる。こう気づいた熊楠は、アクティビストとして激しい反対運動を繰り広げながらも、この問題に関する自分の思想を整理して、発表していく必要を感じるようになっておりました。

ちょうどその頃、柳田國男と知り合ったのです。柳田國男は当時はまだ『石神問答』や『遠野物語』を出版した直後で、日本に民俗学《フォークロア》という新しい学問をつくろうとしていました。柳田は南方熊楠の存在を知っていました。柳田にとって南方熊楠は、莫大な博物学的知識の持ち主であり、古代神話学や世界の民俗学にも造詣深く、ユニークな随筆や論文を書いている人物として、いつかは自分の学問の同志となってもらいたい人物でした。南方熊楠からすると、柳田國男という人は農政官僚出身者として国家の中枢で働いていたので、中央の政治家たちにも顔が利くだろう、ぜひこの人の協力を得たいと願っていました。

　二人の文通がはじまりました。二人の間にはたちまち友情が燃え上がり、熊楠は矢継ぎ早に分厚い書簡を柳田に送りつけます。返事を書いているうちに、もう次の手紙が熊楠から届くといったありさまで、柳田は手紙攻勢に辟易となりながらも、律儀に熊楠の反対運動にも協力を惜しみませんでした。熊楠は柳田を通じて、当時の神社政策や環境保護政策に影響力を持つ人々に、自分の意見を伝えてくれるよう頼み込むのです。

　そのやりとりの中から、『南方二書』という、日本の思想史にとっても重大な意味を持つ、一冊の本が生まれたのです。柳田國男のアイデアで、アカデミズムで有名な植物学者の松村任三《まつむらじんぞう》氏に宛てた書簡という体裁をとった意見書を、すぐさま本にして出版しようというのです。

　この小冊子は全国の有識者に配布されて、大きな反響を巻き起こしました。柳田國男の目論見はみごとに成功しました。全国から神社合祀に反対する代議士や神官があらわれて、神社合祀を強行することの危険性が認識されるようになりました。ついには所轄の内務省も「神社合祀は強制ではない」という訓示を出すに至り、とたんに県令たちの情熱も冷め、さしもの神社合祀運動の嵐も、明治四十五（一九一二）年に入ると、嘘のように沈静化していきました。

　この間、六年あまりにもわたって、南方熊楠はあんなに夢中だった粘菌の採集研究も民俗学論文の執筆もいっさい中断して、神社合祀反対の運動に没頭しました。鬼神のように荒れ狂った、とも言えます。神社の森が破壊されることは、自分の生命が脅かされるのと同じ意味をもっていました。それほどに紀州の森と熊楠とは一体でした。

熊楠は未開人や古代人と同じように、究極のアニミズムを身をもって生きていたのだと思います。このアニミズムから、どのような近代の思想が書かれたのか。それが現代にも生きる思想であるとするならば、アニミズムにどのような表現をあたえれば、現代の思想に生まれ変わるのか。いよいよ『南方二書』の内容に入っていくことにしましょう。

6　『南方二書』の思想

南方熊楠は問題点を八項目に分けて、神社合祀に反対しています（芳賀直哉『南方熊楠と神社合祀――いのちの森を守る闘い』静岡学術出版を参照）。

〈第一点〉神社合祀で敬神の思想が高まったというのは事実に反する。

神社合祀によって神社が一つ所に集められたことで、神社の威厳が増し、それによって人々の神を敬う気持ちが強くなったというのは、真っ赤な嘘だと、熊楠は語ります。その反対にいままで身近にあって親しくしてきた神社がなくなってしまい、お参りしていた神様が遠くへ行かれてしまう。そうなると神様に会うために、敬神の心を抱いた庶民は、遠くの中心部まで出かけなくてはならなくなってしまうでしょう。

日本の神々は人々の暮らしの近くにいてくれたものです。奥宮が山の奥にあり、苦労しなければそこへ辿り着くことができないというのはわかります。しかし大きな町や村へ行かなければ神様に会えないのは、おかしいではありませんか。それでは市場に出かけるのと同じ気持ちで、神様に会うようなものであって、とても敬神の心が強められるとは考えられません。熊楠はそんな風に考えました。

〈第二点〉合祀は村民の融和を妨げることになった。

それまでは神社が村民融和の環境を作ってきました。日本人の生活形態には、海岸部に住む海民的な生活をする人々と、内陸部に住んで農業を営む農民との間に、ライフスタイルにおいてもメンタリティーにおいても大きな違いがあります。海岸部の漁師たちは、漁の神様としてエビス神を祀っていることが多いのですが、内陸部に住む農民は、稲作に関わる神様を祀っていることが多いのです。この二つのタイプの異なる神様同士の間で、かつては交流と交換が行われていました。祭ごとにお互いの間を行ったり来たりし、供物や贈答品の交換関係がおこなわれ、それによって融和が保たれていました。ところが、海岸部にあるエビス神様は、よくこんな形をしていたものです。

そのためとても道徳心を涵養するものではない、と判断されることが多く、漁民の多い和歌山などでは全滅に近い状態に追い込まれました。そのかわりに農村部の大きな神社だけが残された。これは、漁師たちの心を大いに傷つけてしまいました。以来、漁民は農民の祭りに参加を拒むようになり、それまで和気あいあいと続けられてきた相互関係にひびが入ってしまいました。こんな具合に人々の心を離反させる神社合祀に、いいところはまったくありません。

〈第三点〉**合祀は地方衰退の原因になる。**

熊楠は、村民の経済力が貧しいにもかかわらず神田神林を売却して、合併先の神社の基本財産を大きくするというのは、「地方に必要の活金を地下に埋め投ずることに等しい」、と主張します。これは

エビス様
（対馬・大船越。筆者撮影）

現代にも直結する問題点です。神社は森林や敷地や祭礼などの文化財を含めて、その地方の社会資本にほかなりません。そこには潜在的な価値が蓄えられており、いざというときには地方村落はその一部を売って危機に備えることもできます。ところが神社合祀によってその神社がなくなり、付属の神田神林がいちどきに丸ごと売却され、その売却金が合併先の神社の財産ということになってしまえば、もう二度と村の経済を潤してはくれなくなってしまいます。社会資本を喪失することの危険性が、ここには説かれています。

〈第四点〉合祀は村民の慰安を奪い、人情を薄くし、風俗を害する。

神社の建物は石造りの教会などと違って、木造で粗末だけれども、そのかわりにどの神社にも広大な森林がありました。この森林が、大きな働きをしていたのです。境内を散策すると住民の慰安となりました。つまり森に包まれた境内を歩いているだけで、心はすがすがしくなり、浄化されていくように感じられたものです。神社の神徳は植物相に蔵されているからです。

神道の本質は建造物ではなく、建造物を取り囲んでいる森林にある、というのが熊楠の考えでした。この考えは神社の歴史に照らして見ても、まったく正しいと言えます。森は神社の付属物ではなく、森(杜)が神社の本体なのです。ここには日本的霊性と植物相との密接なつながりが考えられています。

〈第五点〉合祀は郷土愛、愛国心を損ねる。

神社は人間を生まれた土地に結びつける働きをしています。大地の持つ母性を象徴するのが土地の神社でした。「産土神《うぶすながみ》」という言葉に、それがしめされています。その産土神との結びつきを断ち切ってしまうと、人は「根こぎ＝デラシネ」された存在になってしまいます。都会へ出て賃金労働者となった人たちも、自分の産土の神社を思うことによって、土地への帰属性を忘れなくなるもので、孤独な個人としてデラシネの感覚に苦しむことがなくなります。ところが神社合祀はその産土の社を消滅させてしまい、それによって人は根こぎされた状態に陥ります。自分を生んでくれた存在にたいする帰属感が失われたところに、郷土愛も愛国心も育ちようがありません。愛国心を涵養せよと宣伝している国家が、それにまったく矛盾することをしているのが、神社合祀にほかなりません。ですから地方生活者にも都市生活者にも、それは不利益をもたらすにちがいありません。

〈第六点〉合祀は土地の治安と利益に大きな害になる。

神社の合併によって森林伐採が進むことは必定であるが、それは必ず土地の荒廃をもたらすことになるでしょう。水害や土砂崩れが多発するようになります。このことはことに和歌山県のように、神社の森を構成しているのが広葉樹林である場合に、危険性が大きいと言えます。杉や檜は地表近くに浅く根を張りますが、広葉樹は深く根を下ろすので、土地の保水作用と土砂崩れを防ぐ作用を持っているからです。森林伐採は森の持っているこの重要な働きまで破壊してしまうでしょう。

〈第七点〉合祀によって、史跡・古伝が滅却されてしまう。

史跡・古伝は、神社を中心にして伝えられてきたものですから、神社の喪失はまことに由々しい結果を生むことになるはずです。神社の立っている場所は、その村の創建者の住居の跡であったり墓所であったりするケースが多いのです。縄文人の聖所であった場所が、その後の人々に受け継がれて聖所の扱いを受け続け、のちにそこに神社が建てられた所も多々あります。古代や中世においても、重大な事件は神社を中心にして起こりました。そういう古伝や史伝の集積場所である神社をなくしてしまうと、いっしょに記憶も情報も消えることになります。「平成の大合併」によって多くの地名が消え、それといっしょに土地にまつわる伝承記憶も失われていったことは、まだ私たちの記憶に新しいところです。まさに熊楠の言うとおりです。

〈第八点〉合祀は、天然風景や天然記念物を滅亡させてしまう。

熊楠がいちばん言いたかったのはこれでしょう。熊楠はこう書いています。「天然風景は、曼荼羅である。天然自然のうちに抱かれ、真理を感得することもまたできよう」。「天然記念物を手厚く保護する外国と、我が国の合祀の蛮行には驚き呆れる以外にない」。

日本の古くからの森林は、神社に残されてきました。それを伐採消滅させてしまうことによって、何が奪われるのでしょうか。曼荼羅にも喩えられる植物相を中心にして形成されてきた、世界の全体性が破壊されてしまうのです。このことは紀伊半島のような広葉樹林帯で、ことに損失が大きいと申せます。広葉樹林には豊かな下草が生育するが、下草が豊かであれば、そこにはコケ類・キノコ類・

粘菌類が繁茂します。微生物の宝庫でもあります。これらの生物群は相互に影響を及ぼしあい相互に関連しあいながら、全体を巻き込んだ動的な統一体をつくりなしています。それゆえに、森は曼荼羅に喩えられるのですが、神社合祀はその生きた全体性である曼荼羅を破壊してしまう、と熊楠はここで強い警告を発しています。

曼荼羅が表現しているのは、人間の言語的知性（ロゴス）を超えたメカニズムで動く全体的な知性作用にほかなりません。森を一つの全体として動かしているのは、その曼荼羅ときわめてよく似た、全体性のメカニズムです。天然自然の中に深く踏み入っていくことによって、人は自分の知性作用を曼荼羅化していくことができるが、それは天然自然そのものが曼荼羅の構造をしているからです。

それゆえ天然自然に抱かれて真理を感得する、という表現には哲学的な根拠があると言えましょう。天然自然を「対象」にするのではなく、天然自然を動かしている全体性に近づいていくことによって、人間の側もロゴスを超えた全体性をもって動く知性作用を、自分の内部に目覚めさせていくことになるからです。南方熊楠はここで、自然のエコロジーと人間の心のエコロジーとをつなぐものを、はっきり取り出してきています。

7　熊楠の三つのエコロジー

このような「アクティビスト南方熊楠」の活動を「エコロジー運動の先駆者」という文脈でとらえることも可能ですが、熊楠の考えていた「Ecology」は、今日一般に理解されている生命科学的エコロジーを、大きくはみ出す内容を含んでいます。それが「自然のエコロジー」に関わっていることは当然ですが、同時に「社会のエコロジー」や「精神のエコロジー」にも深く及んでいます。

いま私は「自然のエコロジー」「社会のエコロジー」「精神のエコロジー」という、哲学者フェリックス・ガタリの提出した概念（フェリックス・ガタリ『三つのエコロジー』平凡社）を用いて、熊楠の神社合祀反対運動の内包する意味に分析を加えましたが、その三つの概念でだいたい過不足なく、この問題に関する熊楠の思想を覆うことができます。じっさいエコロジーをめぐる二人の思想は、驚くほどよく似ているのです。

熊楠はガタリと同じように、エコロジーの概念が自然環境のみに関わるとは考えていません。産業と資本主義の発達が自然を生産・交換・サービスなどに有用な「資源」としてとらえ、この資源の自由な開発を進めた結果、自然が何億年もかかって形成したバランス秩序を破壊し、そのために大気汚染や森林消滅や地球温暖化や砂漠化が急速に進んでしまったことは、「自然のエコロジー」の危機として、多くの現代人が声高に語るところです。熊楠が直面していたのも、近代国家が掲げる経済的功利性や利便性のために、それまで神社の神域として守られてきた森が破壊されるという事態ですので、なによりも問題だったのは、「自然のエコロジー」の危機であったことはまちがいありません。

生物学者としての熊楠がいちばん気にしていたのは、植物世界に致命的な損傷が加えられ、それによって貴重な生物種の生存が脅かされる危険です。しかしそれと連動して、深いレベルで「社会のエコロジー」や「精神のエコロジー」における危機が進行していくことを、熊楠は見落としませんでした。当時の人々に先駆けて、誰よりも深くそのことを理解していました。

熊楠は神社合祀により神社の森林伐採が進行することによって、自然環境が悪化することを語るだけではなく、それと連動して人々が長い時間をかけて築いてきた互酬関係や相互扶助のネットワークが、とりかえしのつかない形で破壊されてしまうことを論じています。これはあきらかにガタリの言う「社会のエコロジー」に起こる秩序崩壊の問題にほかなりません。

『南方二書』に掲げられている第一、第二、第三、第四、第五、第七の問題点は、すべてこの「社会のエコロジー」に関わっています。熊楠は人間の実存にとって、「根を持つこと」がきわめて重大であることと考えていました。各地の産土の神社は人々がごく自然な形で、世界に根を持つことを可能にしてきました。生まれた土地のことを想起するたびに、人は自分がこの世界に根を下ろしていることを、たやすく直観することができたものです。神社合祀は神主や政治家が気づかぬところで、この自然な直観を破壊して、人々をデラシネ（根を持たない存在）に追いやってしまうことになります。

「社会のエコロジー」のレベルで起こるデラシネ化は、個人の「精神のエコロジー」にとって、さらに重大な脅威をもたらします。人と神社とのつながりというレベルを超えて、それは人間を人間世界の外（非人間世界）から切り離してしまう働きをするからです。意識が生命や無意識から切り離され、知性が感性から切り離され、因果性が偶然性から切り離されて、人間が人間だけの世界に閉じこもって自足するようになる、そのことが人間の「精神のエコロジー」を破壊するのです。これは根源的な人間のデラシネ化にほかなりません。

南方熊楠の考えていた「エコロジー」は、人間の精神を人間世界の外に開いていくための知恵の集積を意味していたのではないでしょうか。人間の経済はそれが求めている功利性のために自分の内部に閉じていく傾向をもちますが、人間世界の外には自然の循環過程が、活動を続けています。エコロジーはそのような地球的な循環過程に、人間の世界を開きつないでいくための方法を探る学問（サイエンス）を意味しています。

社会もエコロジーを必要としています。社会は自分とは異なるものとの交換をおこなわなければ、長く存続できないからです。各個人の精神のレベルにもエコロジーが不可欠です。意識が意識の中に自分を閉ざしてしまい、無意識から送られてくる信号を遮断してしまうと、人間からはいっさいの創造も自由も失われてしまうでしょう。

南方熊楠は神社合祀反対運動をとおして、これら三つのレベルにわたるエコロジーの必要性を語っていたのだと、私は思います。その「アクティビティ」にはいくつもの層が同時に含まれていて、全体が関連しながら曼荼羅のように動いています。熊楠は政治的な意味を持つ活動をおこなうときも、曼荼羅のように思考し行動しました。そのような「アクティビスト」は今どこにいるでしょう。

明治 42 年	熊楠、新聞『牟婁新報』に「世界的学者として知られる南方熊楠君は、如何に公園売却事件をみたるか」掲載、相次いで神社合祀反対意見寄稿		
明治 43 年	熊楠、紀伊教育会主催の講習会場に押し入り翌日「家宅侵入」で逮捕。 **大逆事件**を契機に、神社合祀が社会主義者を生み出すという主張がなされる	合祀の際の村々での悲しみ、嘆きとそれに伴う神職の苦渋が『全国神職会会報』などに多数寄せられる	神社合祀は強制的なものではないとの内務大臣訓示
明治 44 年	熊楠『東京人類学会雑誌』に「山神『オコゼ』魚を好むと云ふ事」を発表、柳田國男との文通が始まる、柳田『南方二書（松村任三宛書簡）』を出版		
明治 45 大正元 (1912) 年	書簡「神社合祀に関する意見」白井光太郎宛執筆。 県選出の衆議院議員中村啓次郎が本会議で合祀に関する反対質問を一時間余り行う、貴族院議員の徳川頼倫も尽力。 田辺湾神島が保安林に指定される		この頃を機に次第に不合理な神社合祀がされることはなくなる
大正 9 (1920) 年			貴族院で「神社合祀無益」と決議

（資料：孝本貢「神社合祀」　田丸徳善他編『近代との邂逅』佼成出版社）

明治 35 年	熊楠、前年より那智の山で植物採集などを行う（1903 年までの 3 年間）	神社界より、神社整理を求める意見が出る（神職の奉仕を全うするため、神社維持を完全にするため、無格社はほとんど一小石祠にすぎず、一家の氏神のようであるため、敬神の実績を上げるため合祀移転すべきである）	
明治 35 年 7 月		しかし実情はそれほど進んではいない	岩手県では神職を置くことができず、維持の見込みのないものは廃止もしくは合併するよう訓令
明治 35 年 11 月			群馬県で神社整理に関する訓令
明治 37 年	日露戦争（明治 37 年 2 月 10 日―明治 38 年 9 月 5 日） 熊楠、田辺に家を借り居を定める	神職の経済状態、さらに神職が氏子総代による推薦による社会的地位の不安定さから俸禄制度、任用の改善要求が高まる	内務省神社局長水野錬太郎の講演「神職の為めに」：今後の神社維持が困難の場合は整理の必要、日露戦争後の神社の威厳発揚を説く。日露戦争の戦勝祈願により、敬神の観念が高まる
明治 38 年	日比谷焼打事件		日比谷焼打事件とその後の不況により、「国家の為に尽力する」ことが希薄になったという危機感
明治 39 年 2 月		三重県知事有松英義（三重県は一番の神社合祀推進県）による神社整理の必要性について演説：町村の団結→**内務省地方局を中心とした地方行政再編政策との符合**	
明治 39 年	熊楠、田辺の闘鶏神社宮司田村宗造の四女松枝と結婚		「官国幣社経費法律案」により境内地百五十坪以上、本殿、拝殿、鳥居等完備し五十戸以上の氏子もしくは崇敬者を有する神社が正式な神社であると規定 **第一次西園寺内閣は一町村一社を原則とする神社合祀令を励行**。和歌山県はとくに強制威圧的に推進される。三重県についで和歌山は減少率 87 %
明治 40 年	12 月 9 日（12 日付）牟婁新報社主の毛利清雅（柴庵）が「神社合祀について」の意見を掲載		内務省指導による市町村財政の再生と「神社中心説」の推進 神社合祀の激化！
明治 41 年	伊勢の神官生川鉄忠「神社整理に伴ふ弊害」（『神社協会雑誌』明治 41 年 2 月付）など反対意見が相次ぐ		桂太郎内閣による内務省の方針推進 神社統一→一村一社→民心統一 **神社合祀のピークへ**

神社合祀年表

年代	社会の動き、熊楠と反対運動の動き	神職の動き	国家的な動き
明治4(1871)年			神社は国家の宗祀であると定める（太政官布告第234号）
明治6年		郷村社祠官祠掌給料民費課出廃止、府県社神官月給廃止(太政官布告)	
明治6年2月	諸外国との条約改正の過程でキリスト教への自由を要求される		禁制高札の撤去（信教自由の政策へと転化）
	国民教化政策(皇道宣布)に対する僧侶らの「信仰自由」への動き		「政治と宗教の分離」
明治11年3月			神社大麻の受不受は人民の自由に任す（内務省通達）
明治15年1月			政府は神官の教導職兼補を廃し、葬儀に関係せざるの旨（内務省通達7号）→神職は宗教的職務のうち専ら祭儀典礼のみを執行
明治17年8月			神仏教導職を廃止して、一宗派特立をなし、神社・神職はそれと区別することを決定
明治20年3月		官国幣社経費国庫支出を廃止、保存金制度を設け、向こう15年に限り支出すると定める	神社は宗教とは無縁で、**国民道徳的**な崇敬の対象として確立
明治23年			**教育勅語**による、神社祭儀典礼の精神的な裏付け
明治23年 11月29日	神職の危機感！「神祇官復興運動」を展開し「国家の宗祀」としてこの名実を獲得しようとする	神官同盟を組織、貴族院・衆議院への働きかけを行う	**大日本帝国憲法施行、帝国議会開設** 信教の自由、政教分離の原則により神職ならびに宗教家を非政治化→神職の任務は非宗教的祭儀典礼（教育勅語に記された皇祖皇宗としての道徳的義務）ならびに天皇崇拝の啓蒙となる。議員、県議員、郡議員からの除外も定める
明治31年	南方熊楠、大英博物館で暴力事件を起こす		
明治33年	熊楠、大英博物館から出入り禁止の処分を受ける。14年ぶりに日本に帰国	社寺局を廃し神社局と宗教局設置、神道は「国家の宗祀」としての端緒を開く	治安警察法により神官・神職の政治結社加入が禁じられる

第三章

南方熊楠のシントム

はじめに

芸術や科学の領域で特別な才能を発揮した人物が、日常的な世界ではなんらかの精神的な「症候(symptom)」の持ち主とみなされていたという例を数多く見かけることができます。こういう特別な才能の持ち主が、芸術や科学の領域でなしえた成果と精神的症候との関わりを考えようとするとき、南方熊楠ほど私たちに研究のための豊かな素材を提供してくれる人物はいません。熊楠がその人生でなしとげた多くの豊かな成果と、なしとげようとして果たせなかったたくさんの夢と、そうしたことのすべてが、人間の心というものの不思議さ奥深さを、まざまざと感じさせてくれるのです。

私は以前から南方熊楠に深い関心を抱いて、『森のバロック』(講談社学術文庫)という熊楠研究の本まで著したことがあります。しかしその本の中で、私は「南方熊楠の病跡」をめぐる興味深い問題を避けて通りました。問題の大きさに尻込みしたとも言えますし、それに取り組むべき準備が整っていなかったという理由からでもあります。それから二十年後の今、私はこの問題に取り組むべき時機が来ていることを感じていました。南方熊楠における創造と精神的症例との内的な関連をあきらかにする試みをおこなう時機が熟してきました。話のタイトルは「南方熊楠のシントム(sinthome)」。

symptom ではなく sinthome というところが味噌ですが、その理由はおいおい説明していくことにします。

1　アブ＝ノーマル

南方熊楠の異常な記憶力や前例も類例もない特異な文章法や思考法や、なによりもその奇行などを知った人が、そこになんらかの精神的な「症候」を感じ取ったとしても、けして無理からぬことだと思います。とにかく南方熊楠は考えることなすことのすべてにわたって常識を逸して過剰で、すさまじく、そして豊かなのです。南方熊楠はあらゆる意味で、ノーマルな基準を逸脱していた人間です。一言で「アブノーマルな人」と言ってよいでしょう。この言葉、「アブ（ab）」は離れることを意味し、「ノーマル（normal）」は標準ないし正規であることを表しますから、南方熊楠のような人を、正規化されることから自分を分離している人間と言うことができます。

たしかに熊楠は生前から「畸人」として有名でした。世界的な生物学者や博物学者や民俗学者としてよりも、当時の一般の人たちにはその風変わりなたたずまいや常識はずれの行動によってよく知られた人物だったのです。明治時代には各種の「畸人伝」や「畸人番付」というものが出されて、けっこうな人気を博していましたが、南方熊楠はそこへの常連の登場人物で、本人もそれを楽しんでいた風情があります。明治のその頃は「破格」であることが、古い秩序を打ち破る可能性をあらわすものとして、管理の進みすぎてしまった現代などよりもずっと高い価値づけを与えられていました。他の人とは違うことをする、周囲の「空気」などは気にもかけない、また世間でもそういう風変わりな人間の存在を面白がり、喜んで受け入れている。そういうふぞろいな個性に対してまことに寛容な時代にあっても、南方熊楠の奇人ぶりは群を抜いていました。

こういう奇人ぶりの中でも最たるものは、熊楠の持つ異常なほどのカメラ的記憶力です。彼は紀州、現在の和歌山市に生まれた人で、実家は金物や雑貨を扱い、後には酒造にまで手を伸ばした大きな商家でしたが、少年時代に近所の岩井屋という酒屋の息子さん津村多賀三郎と仲良くなっていま す。その津村家にはたくさんの蔵書がありました。熊楠はそこに通ってはたくさんの本を読み漁りました。そのうちに『和漢三才図会』という東洋の生み出した巨大な百科事典に夢中になりました。最初は津村家で読ませてもらい記憶して、家に帰ってからその様子を克明に写し取ったりしていましたが、その後は借り出しもできるようになり、三年かけて全百五巻を写筆してしまいました。挿絵までも正確に写し取り、書かれた内容も細かい字で細大漏らさずに筆写し尽くしています。

熊楠は「映像記憶」という特異な記憶力の持ち主で、一度読んだり見たりしたものを正確に記憶し再現できる能力がありました。この能力は人類学や博物学や民俗学のような「アーカイブ」の学問にはうってつけです。じっさい熊楠はこの異常な記憶力を最大限に生かして、英国において同時期の日本人のスタンダードを遥かに越えた活動をおこないました。大英博物館に勤務しながら、膨大な資料を渉猟して、幾編もの画期的な論文を書いては『ネイチャー（Nature）』誌などに発表し、欧米人を驚嘆させたのです。

この英国時代の熊楠の論文の多くは、後年の奔放な文章スタイルとは似ても似つかぬ欧米の学問の基準に合わせた整った形式で書かれていますが、それでもすでに彼の思考法の特徴は明らかです。底なしの垂直性とでも言いましょうか、事物にいっさい「起源」というものを考えることなしに、どこまでも深みに踏み込んでいくという思考をとるのです。これは「民俗」の概念が通用する上限を室町時代に設定する柳田國男や、弥生後期の時代に「古代」の概念の出発点ないし上限を据える折口信夫の思考法と、よいコントラストをなしています。三人とも同じように「日本民俗学の父」と呼ばれながら、南方熊楠の思考法には上限もなく下限もなく、いっさいのものが土台を持たない深みの中につながっていくという、他の二人にはない特異性を持っています。

国際的にも有名になった論文「西暦九世紀の支那書に載せたるシンダレラ物語」（一九一一）などにその特徴がよく示されています。ヨーロッパ人がよく知っているシンデレラ物語ときわめてよく似た話が、以前に読んだ中国の古い書物である『西陽雑俎《ゆうようざつそ》』の中に出ていたことを熊楠は思い出します。二つの物語は表面上ずいぶん異なっているように見えるのですが、二つの物語を頭の中でトポロジー的に配置し直してみると、両者がまったく同じ構造をしていることを、熊楠は発見したのです。

ヨーロッパのシンデレラは、竈《かまど》のそばにいて頭から灰をかぶっている少女です。竈の近くにいて、死者の世界に親しくしていたおかげで、彼女は幸運を得ることができました。ところが九世紀の中国で記録された葉限《しょうげん》という少女をめぐる話では、水の近くにいることによって不思議な霊力を持つ魚と親しくなることができ、その魚の力によって少女は幸運を得たという話に変わっています。

熊楠は二つの話がもとは同じ話から変化したものであると直感します。それは熊楠が無意識のうちに、竈のそばと水辺のほとりを象徴的に近い、と直感したからです。竈は「火」の領域への入り口であり、水辺は「水」の領域への入り口であり、古代人は両者を死霊の世界への入り口としてとらえていました。竈が水辺に変形されると、ヨーロッパのシンデレラ譚はみごとにまるごと中国少数民族の「シンデレラ」物語に変形されていきます。こういう全体を巻き込んでなおかつ構造的な要所を損ねないような組織的変形は、近世の船乗りや旅行者や作家などにはとうていなしえないわざです。大きな集団が関わっていなければ、こんな変形はおこりそうにありません。

このとき熊楠はユーラシア大陸の東と西の両端で、同じ構造をした話が伝わっていることに注目しています。その同じ構造をした物語が、西の端では「火」の軸を中心に、東の端では「水」の軸を中心に変形されていますが、そのような変形が可能であるためには、東西への分化と変形が起こる以前に共通の「原シンデレラ」物語というものが存在したはずです。それはユーラシア大陸の東と西への民族の分岐が起こる以前の、旧石器時代に属する出来事に違いありません。言語学にはユーラシアで語られてきた言語すべてのもとになった「ユーラシア祖語」を研究するという分野がありますが、南方熊楠のおこなった研究の中に私たちは、思想《イデオロギー》の領域においても「ユーラシア祖型」を見出すことをめざす新しい学問の萌芽を見つけることができます。

南方熊楠は立派な英語力を駆使して、学問の上でヨーロッパ人と渡り合った最初の明治人だと言われてきました。ほぼ同時期に夏目漱石がイギリスへ留学していますが、彼は英語をしゃべったり書いたりがあまり得意でなかったせいか、下宿へ籠ってばかりいたといわれています。しかしそのおかげで、漱石は西欧文明と日本文明の本質的な違いをめぐって、深い思索をこらすことになります。ところが熊楠の場合はヨーロッパ人と学問の上で対等な立場で激しい論争をおこなったばかりでなく、博物館ではほんとうにイギリス人の職員を殴る事件を起こしてしまい、大英博物館を追われるはめになっています。

夏目漱石とは違う回路をとおして、南方熊楠も西欧文明と東洋文明の本質的な違いを深く理解していました。学問の世界でもヨーロッパで発達した科学が、もっとも進んだ体系だと大いに覇権をふるっていましたが、熊楠はその近代科学の方法に、早くも限界を見出していました。今は東洋の思想や学問は遅れたものと見なされているが、近代科学の限界を乗り越えていくためには、かならずや東洋で発達した思想学問の方法の重要性が認識されるに違いない。そう考えていた彼は、日本に戻ってくると、くるおしいようにその「未知の学問」の探究に没頭するようになります。

それまではアメリカからキューバへ、ヨーロッパへと世界を大股で動き回っていた南方熊楠は、日本へ戻ってくるなり数年間にわたって紀州那智の森に籠ってしまいます。あたりの山中を縦横無尽に歩き回り、生物学の研究に取組みました。生物学の中でもとりわけ当時「ミケトゾア（菌虫）」とよばれていた粘菌に深い関心を持ち、生物学上の大発見をしています。同時に真言宗の傑物僧土宜法竜《どきほうりゅう》を相手に、自分の構想する「未知の学問」の全容をあきらかにしようとする努力を重ねています。多量の書簡に書き留められたその思想はまだ全容を解明されていません。

南方熊楠の知性に実現されていたような「アブ＝ノーマル」の現象を理解できる学問（サイエンス）的な方法などが存在するのでしょうか。この問題に脳科学が接近できるようになるのは、まだまだ先のことですし、ひょっとするといつまでたってもできないかも知れません。この問題に接近していくには、自然科学と人間科学をつなぐ、なにか新しい考え方が必要です。

私は「南方熊楠のシントム」をとおして、このとき那智の森に潜んでいた南方熊楠が構想した「未知の学問」の本質と構造を解明するのにぜひとも必要な「鍵」を提示してみようと考えております。その鍵は私たちが求めている新しい考え方を開く力を持っています。鍵となるのは、「シントム」という精神医学上の概念です。最初ジャック・ラカンによって見出されたこの概念に、たぶんラカン自身も考えもしなかったであろうような拡張をもたらすことを、私はいま目論んでいます。

2　症例ジョイス

『森のバロック』を書いた頃は考えてもみなかったのですが、その後しばらくして『ジョイスの傍らにラカン』(Jacques Aubert, Jacques Lacan, et al., *Joyce avec Lacan*, Navarin, 1987) という本に出会って、私はそこに新しい南方熊楠論を作り上げるための鍵を見出した思いで、ずいぶん興奮したものです。

一九七〇年代のラカンは「結び目」の理論に夢中になっていました。その当時のセミネールの黒板には、「ボロメオの輪」をはじめとする複雑に絡んだ糸の図が、毎回のように描かれていたと言います。その頃、ラカンは友人の文学研究家から今度ジョイスの『フィネガンズ・ウェイク』についての小さなシンポジウムを開くので、そこで君の理論を使ったジョイス論を聞かせてくれないだろうか、という提案を受けます。もともとシュールレアリズム運動などにも深く関わったことのあるラカンですから、ジョイスのこの特異な作品にも強烈な関心を抱いていました。申し出は喜んで受け入れられました。

そこで「シントム」の概念がはじめて登場したのです。「症候」をあらわす英語の symptom はギリシャ語の symptoma に由来していますが、もともとは「一緒に落ちるもの」という意味を持っています。ジョイスという作家は精神的な症候の持ち主でした。南方熊楠について言われたのと同じ意味において「アブノーマル」な人間でした。このことは作家自身にも意識されていて、自伝小説『若い芸術家の肖像』にも、そのことがはっきり書かれています。ジョイスはその症候を芸術創造の源泉に変えることのできた人間でした。彼は精神病を普通の意味で「治す」ことによってそれを実現したのではありません。むしろ症候（シンプトム）を転じて、創造の源泉地に変えたのです。文字通り血のにじむような努力の末に、ジョイスは天才を実現してみせましたが、その天才は症候と一体であることをも、彼は身をもって示してみせました。

ラカンは芸術的創造と精神的症候との関係をあきらかにするために、symptom に代えて sinthome という書き方を使ってみせました。「シンプトム」ではなく「シントム」というわけですが、これは同じ言葉の中世フランス語における表記法にほかなりません。この置き換えによって、精神的症候は芸術的創造と具体的に結びつけられることになりました。「シントム」は症候の中に潜んでいる創造性の条件をあらわしています。そして『フィネガンズ・ウェイク』という作品には、その結びつきの具体的様相が、まざまざと目に見えるような形で示されているのです。

ところでラカン関係文献では sinthôme は「サントーム」と発音表記されるのがふつうです。フランス語では symptôme と sinthôme が同じ「サントーム」と発音されるのですが、つづりが違うのでそのまま洒落になります。しかし日本語ではこの洒落は通用しません。そこで本稿ではこれを英国風に「シントム」と発音表記して「シンプトム」との差異を表現することにしました。これによって洒落の効果は消えますが、「シン（プ）トム」として内部の差異が表現できるようになります。

アイルランド出身の作家ジョイスは、前衛的な小説『ユリシーズ』の大成功の後長い時間をかけて、さらに過激さに磨きのかかった『フィネガンズ・ウェイク』を書きます。その作品が何回かに分載されて雑誌に発表されますと、猛烈な賛否両論の反応を引き起こしました。それまで親しかった友人の作家などの中には、贈呈本のお返しに「ふざけるな！」と返礼の手紙をしたためて、そのままジョイスと仲違いしてしまった者もいます。それもそのはず、これは普通のリーディングに安住した態度で取りかかっても、とうてい「読むことのできない」作品だからです。

しかしこの「読むことのできない」作品を声に出して読んでみると、不思議な悦楽の感覚に襲われるようになることに気づいた読者も、少数ながらすでに出版当時からいました。際限もなく意味のずれが起こり、意味の増殖が発生しているのですが、同時に音にされていない不思議な「音楽」が聞こえてくるのを感じるのです。その「音楽」に身を委ねることができた幸運な読者は、やすやすと一巻の書物を読み切ることができます。何が書かれているのかは、誰も言うことができません。何も言われていない、とも言うことができるし、すべてのことが書かれている、と言うこともできます。

ジョイスはこの作品で未来の学者たちを悩ませてやると語ってもいたそうですが、とりわけそれを外国語に翻訳しようとした学者たちを、大いに悩ませてきました。冒頭の部分だけにしておきますが、少し読んでみましょう。

riverrun, past Eve and Adam's, from swerve of shore to bend of bay, brings us by a commodius vicus of recirculation back to Howth Castle and Environs.

冒頭の部分です。書き出しのriverrunという単語が、これから起こる破天荒な出来事のすべてを象徴しています。riverとrunが合体したところから、いきなり悦楽が発生しています。それに続く言葉たちも優雅に身をくねらせているようです。しかしこの文章をなんと翻訳したらよいのでしょう。なんとこの作品を日本語に翻訳しようとした勇敢な人たちがいます。しかも一度でなく二度までも。まず一九七一年の訳では次のようになります。

川流れ　イヴ・アダム教会をすぎ　腰をくねって　湾にそそぎ　媚香《ヴイコ》　めぐりめぐって　たゆたいもどるは　英知《エイチ》を四囲《シーイー》に　ホウス・カスルあたり。（鈴木幸夫・野中涼・紺野耕一・藤井かよ・永坂田津子・柳瀬尚紀訳『フィネガン徹夜祭』都市出版社）

訳者の一人柳瀬尚紀さんはこの訳に満足せず、それから二十年もたって新しい翻訳を出しました。

川走《せんそう》、イブとアダム礼盃亭《れいはいてい》を過《す》ぎ、く寝《ね》る岸辺《きしべ》から輪《わ》ん曲《きょく》する湾《わん》へ、今《こん》も度《ど》失《う》せぬ巡《めぐ》り路《みち》を媚行《ビコウ》し、巡《めぐ》り戻《もど》るは栄地《えいち》四囲《しい》委蛇《いい》たるホウス城《じょう》とその周円《しゅうえん》。（柳瀬尚紀訳『フィネガンズ・ウェイクⅠ・Ⅱ』河出書房新社）

翻訳を見てもわかりますように、ここには洒落とよく似た技法が縦横無尽に駆使されています。私たちが日常的に楽しんでいる洒落の場合ですと、落としどころははっきりしていて、洒落が言われて笑いがこぼれた後では、意味の世界はもとどおりの安定を取り戻します。ところが『フィネガンズ・ウェイク』では、紡ぎ出された言葉の渦はとどまる所を知らずに動き続け、日常世界に回帰するどころか、この世にあるなにものにも着地することのない、一つの宇宙をつくりあげています。

しかも単語が発せられるごとに、悦楽的な感覚がわき上がってきます。まさに、川のような無意識の流れが、言葉の層の下で動いているのが感じられ、それが悦楽をもたらすのです。単語のつなぎ目で図のようなフロイト的過程がくりひろげられているのがわかります。

作品をつくりあげているジョイスの発明になる言葉（ジョイス語）の一つ一つで、快感原則の支配

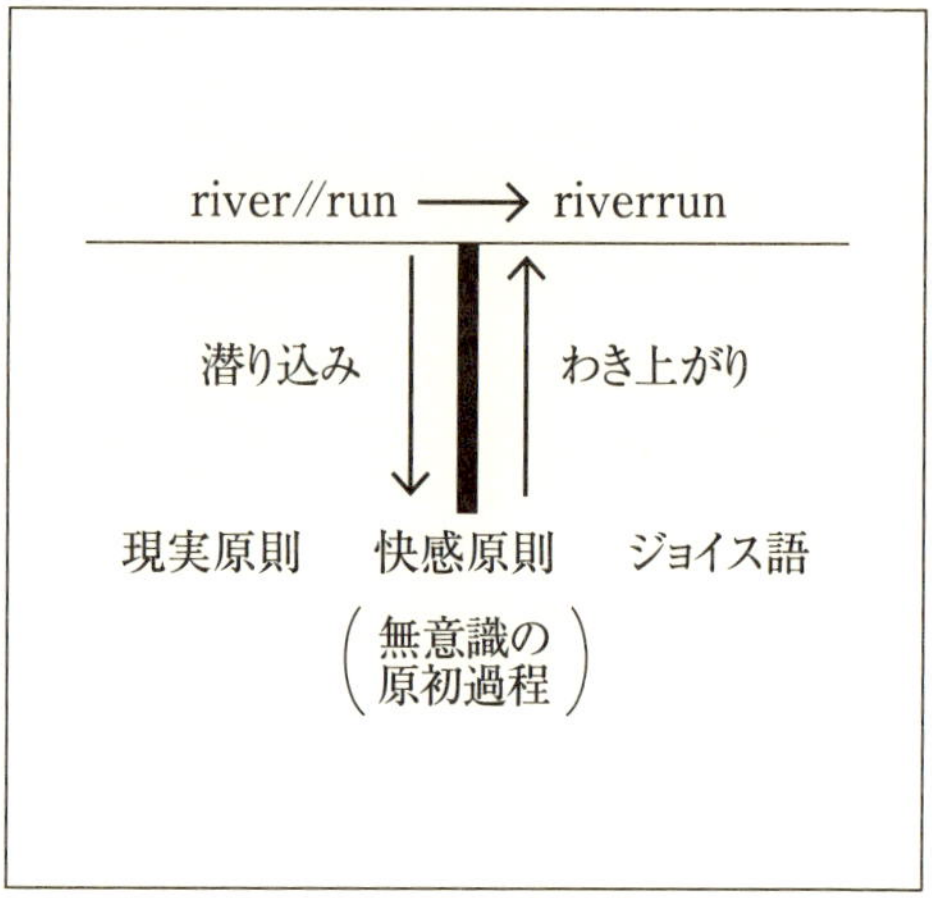

する無意識の原初過程への潜り込み（ダイビング）が起こっています。そういうジョイス語が自由な構文でつなぎあわされるとき、無意識の流動が川の流れのように渦を巻いて意識の表面にまで浮かび上がってくるのがわかります。すべての言葉が無意識の原初過程へ触れるダイビングを経験していますので、作品全体に同じ無意識のトーンが染みわたり、そこから音楽的効果も発生します。このような複雑な方法を組織的に駆使して『フィネガンズ・ウェイク』という作品はつくられています。

この作品は目だけ使っていては読むことができません。リーディングに声や身体運動を巻き込んでいかなければ、意味が発生できないようにつくられているからです。声は記号伝達のための道具ではありません。声は無意識の原初過程の深みにつながっていて、声を発するたびに人間は生々しい自然につながるその無意識を、世界の表面に吐き出しているとも言えます。その意味で、言葉は情報でも機能でもありません。言葉は自然から発せられているのです。ジョイスはこの作品で、言葉の持つそのような自然的な次元を解放しようとしたのです。

ではジョイスはなぜこのような作品を書いたのか。周囲の無理解や批判や反対に抗してまでも、どうしてもそれを書かなければならないと考えたのでしょうか。ラカンはこの作品がジョイスにとってシントムの働きを持つものであり、それはジョイスの精神的シンプトムと一体であると考えました。シンプトムからこのようなシントムが生まれ出ることができ、そのようなシントムを創造しえたことによって、ジョイスは精神病に落ちなかったと考えたのです。

よく知られていますように、ラカンは人間の心を「現実界」「想像界」「象徴界」という三つのレジスターでできているものと考えました。ここで言うレジスターとは声域のようなものです。同じレジスターに属する声が同じ音質をもって区別されるように、心のレジスターでも現実界に属する心と想像界に属する心とでは、同じ心でも違う質を持った働きをするものとして、区別されます。

現実界は人間的な心の働きの外部にあります。もちろん現実界というレジスターがないと、どんな生物でも心の働きを持つことがありません。人間の心においても、すべての心的現象のおおもととなっているのは、この現実界です。しかし人間的な心にはそれに触れることもできません。いや、いつも触れているのに、その存在をつかまえることができない、そういうレジスターです。

人間的な心は想像界の形成によって始まります。まだ言葉もしゃべらない子供と母親の、おたがいを見つめ合う視覚体験の中からつくられます。想像界はイメージによる思考とも言えます。「私」を周囲の環境から切り離す動きも、想像界の形成によって開始され、世界に包み込まれているという感覚も、ここから発生します。

この想像界をいったん壊して記号的な言葉の力を借りて主体を再構成したものが、象徴界です。想像界は母子関係を基本にしていますが、この象徴界では父親的なもの、社会的なものが中心になります。子供は自分の欲望を、社会が認めている記号を仲立ちにしなければ現実の中では認めてもらえないことを、何度も痛い経験をした末に、学ぶようになります。これを象徴的な意味で「去勢」と呼ぶことができますが、この結果社会的なコミュニケーションをおこなう人間というものがかたちづくられます。

一九七〇年代のラカンは、この現実界、想像界、象徴界が、「ボロメオの輪」のトポロジーでたがいに結びつけられていることを強調するようになります。このトポロジーは単純ですがとても面白い性質を持っていて、一つ一つの輪は独立しているのですが、第三の輪が絡み付くことによって、互いにしっかりと結びついて分離してしまわないようになります。ところが逆に、そのうちの一つでも輪が外れると、三つともバラバラに分離してしまいます。

ジョイス・シンポジウムにおいてラカンが語ったのは、この「ボロメオの輪」で結びついた心の構造を前提にしながら、輪をバラバラに分離させてしまう精神的症候（シンプトム）の多彩な様相と、それを再びつなぎ合わそうとするシントムの働きについてでした。

ラカンの見立てでは、ジョイスの心には象徴界のレジスターが他の二つのレジスターに絡み付いていく部分に重大な欠損が生じており、そこから彼が人生で体験しなければならなかったさまざまな症候や苦しみが発生しているのでした。ジョイスはアイルランド人で、英語で著述をする作家でした。アイルランド人にとってイギリス人は支配者の立場にありますから、ジョイスは抑圧された自分の民

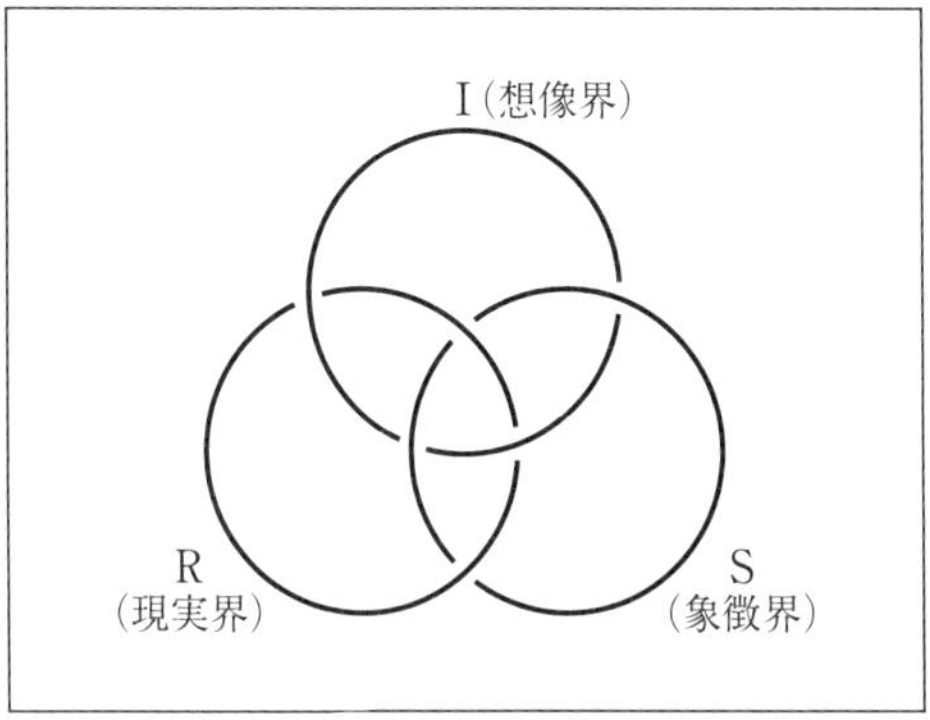

ボロメオの輪

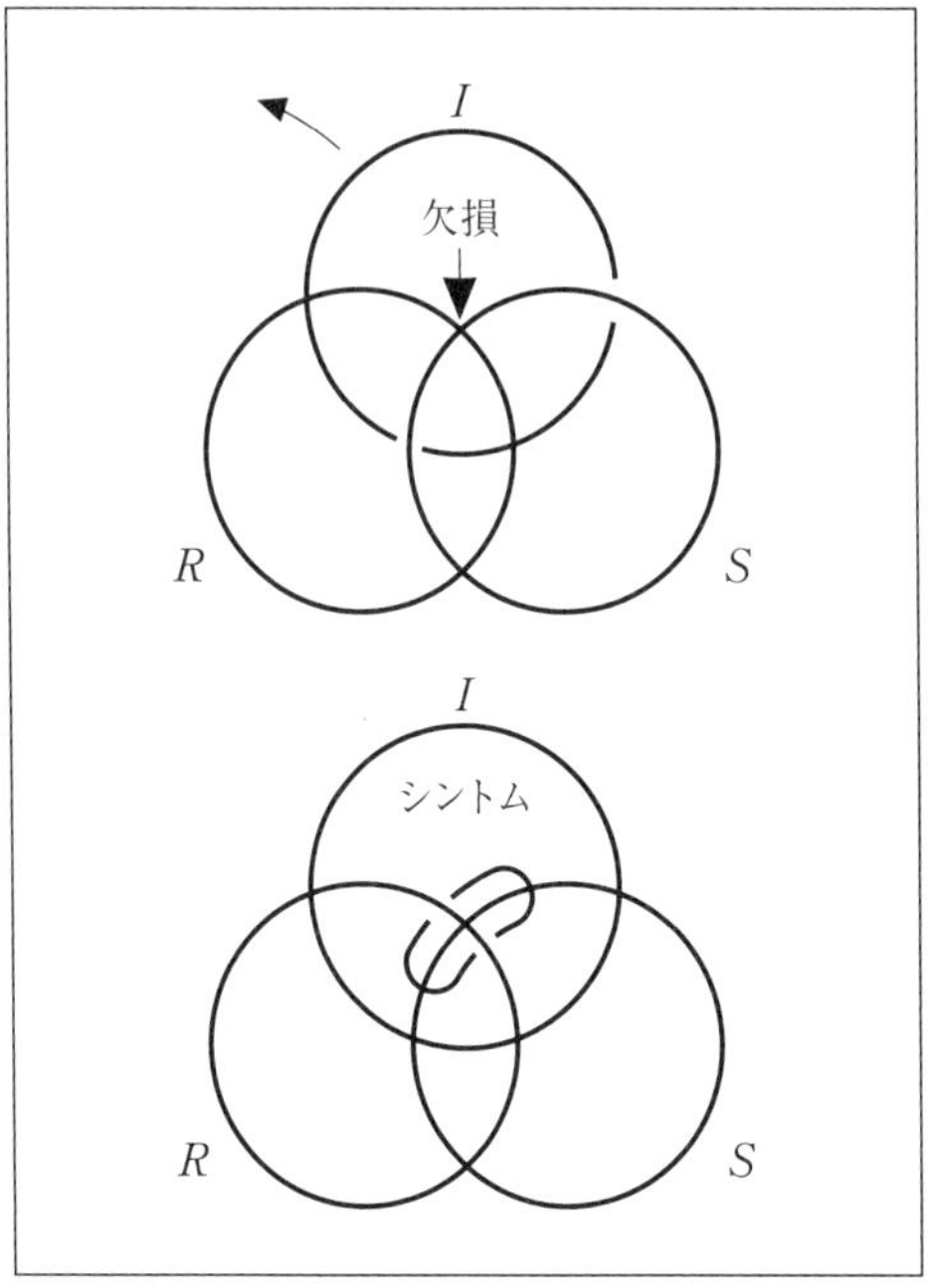

サプリとしてのシントム

族の言語ではなく、支配者の言語で文学を試みていたわけです。

ここにすでに言葉の構造でもある象徴界が、ジョイスの心をつくる「ボロメオの輪」から外れる可能性が宿されていますが、それは象徴界と結びついている父親機能の破損しやすさを生んでいくことにもなります。じっさいジョイスは父親機能の弱さや壊れやすさを自覚していました。父親のイメージを自分の心に内化することがどうしてもできませんでした。他にも多くの理由があって、ついにジョイスは象徴界の組み込みの過程が普通の人たちのようにうまくいきませんでした。

そればかりではありません。ジョイスはしばしば自分の頭部が身体から分離してしまう体験をしています。象徴界は彼の頭部で、英語を通じて活動しています。しかし母語であるアイルランド語は身体や身体的な想像界と一体となって、英語の下層で活動し続けています。その頭部と身体が分離してしまう体験を、ジョイスはしばしばするのです。それを、象徴界が他の二つのレジスターとつないでいる輪が外れてしまう事態としてラカンは理解します。そういうときには、彼は茫然自失の放心状態に陥ってしまったそうです。

ジョイスはその人生で何度も精神的な危機に陥りますが、そのたびに文学的な創造によってそれを乗り越えました。象徴界に発生している欠損事故を補修するには、はずれた輪の部分に象徴界の代りを果たすことのできる、なにかの「サプリメント」を着装させる必要があります。象徴界をつなぐ輪の欠損部分を塞いで機能を補うそのサプリメントを、ラカンは「父－の－名」と命名しました。それはどんな名前であってもかまわないのですが、一定の構造を備えていなければなりません。空隙を埋めながら、しかも象徴機能を持っていなければならないのですから、それはいわば「無」から立ち上がって「意味」をつくりだせる機能を備えていなければなりません。そのサプリメントこそ「シントム」にほかなりません。

『フィネガンズ・ウェイク』という作品全体が、まさにそのシントムとなっています。この作品を構成する言葉は、どれもジョイスによって発明されて、ジョイスだけに通用する象徴機能を備えています。象徴機能ですから一応コミュニケーションの働きをします。しかし自分を開いてみせたとたんにすぐに閉じてしまうようなやり方なので、社会的に共有される意味は発生しません。

シントムは無から立ち上がってきた意味としての全構造を保ち続けています。それはたえまなく無意識へのダイビングをくり返し、無へ沈潜し、無からの意味の産出をなしとげています。このような仕組みをもった言語体ですから、英語としてはアブノーマルな、一種の病気を感じさせる症候的な表現となります。精神的な徴候（シンプトム）の発生している箇所に、サプリメントとして補塡される表現としてのシントム。ジョイスの場合、芸術表現はそのまま徴候表現となっています。しかしなにかの徴候でないほんものの芸術表現などが、一体存在するものでしょうか。すべてのすぐれた芸術表現は、つねになんらかのシントムとしての機能を果たしているのではないでしょうか。

この作品でジョイスは、儀礼や習俗も共同体のシントムにほかならないことを示そうとしています。『フィネガンズ・ウェイク』は「フィネガン氏のお通夜」という意味も含んでいます。ジョイスはアイルランドの民間伝承にも通暁していましたから、お通夜の古いケルト的意味についての知識も持っていたようです。古代のお通夜は、昔話と謎なぞをする一種のお祭りでした。亡くなった人の遺骸のまわりを生者が取り囲み、近い親族が泣いている横で、酒盛りの宴会が開かれるのです。

人が亡くなると、共同体を結びつけていた輪の構造には異変が生じます。死者が出ることによって、象徴界の輪が一つ外れてしまいます。このとき共同体は危険なシンプトムを示します。その空隙を埋めるために、共同体は生と死、笑いと悲しみなどのあらゆる相反した価値の同居する、矛盾に充ちたお通夜の空間をつくりあげ、それを共同体のシントムとします。葬式では生と死はふたたびくっきりと分離されるのですが、それに先立つ輪の外れた危険な時間には、このようなシントムがどうしても必要です。

『フィネガンズ・ウェイク』はまさにそのようなお通夜の構造で出来上がっています。全篇を充たしているのは、言葉の表面に浮かび上がってきた心の原初過程であり、それを矛盾論理や量子論理がつないでいきます。このような作品を創造することによって、ジョイスは自分の心を一つの徴候としている象徴界の欠損部分を補塡できる文学上のシントムを生み出し、それによって精神の危機を乗り越えたのだ、とラカンは語ります。

ジョイスの天才を通じて生まれたこのシントムの概念こそ、芸術や科学の領域での創造と精神的徴候を結びつける有力な鍵を与えるものである、と私は考えます。それはとりわけ南方熊楠のような天才の仕事の意味を理解するために、不可欠の道具となります。しかも南方熊楠という「症例」を探求していると、私たちはジョイスの場合よりもさらに複雑巨大な有機的構造をそなえたシントムの怪物を見出すことになります。これによってはじめて私たちは、南方熊楠の天才の全体像と本質を理解できるようになるでしょう。

3　南方熊楠における創造とシントム

「熊楠の症例」は、ジョイスの症例と多くの共通点を持っています。今日ならば「てんかん」と診断されるような行動をしばしば示していたところもよく似ていますが、なによりも象徴界の組み込みにおける異常さやその回路の特殊なところが、とてもよく似ています。

ジョイスは頭と身体の分離をときどき体験することがありましたが、南方熊楠という人も、よく身体から頭部が離れる体験をしています。とくに那智の山中に籠っていた時代に、それがよく起こりました。一例を挙げてみます。

七年前厳冬に、予、那智山に孤居し、空腹で臥したるに、終夜自分の頭抜け出で家の横側なる牛部屋の辺を飛び廻り、ありありと闇夜中にその状況をくわしく視る。みずからその精神変態にあるを知るといえども、繰り返し繰り返しかくのごとくなるを禁じえざりし。(「睡眠中に霊魂抜け出づとの迷信」『人類学雑誌』、一九一一(明治四十四)年)

熊楠はこういう体験はなんら神秘的現象ではなく、「精神変態」のもたらす特異な空間変容の心理体験として理解しています。神秘的現象ではありませんから、適当な条件さえ整えば何度でも体験することができる、というのが熊楠の考えでした。熊楠に首抜けの体験をさせている「精神変態」とは、心の「ボロメオの輪」における象徴界の絡み付きの弱さに関わっています。

象徴界は言語の働きと密接に結びついていますが、その言語の活動の場所は大脳言語野です。したがって象徴界は頭部に宿っているという身体イメージが、ごく自然なものです。その頭部が身体から分離して、外からや上から身体を見下ろす体験をするのですから、あきらかに象徴界の組み込みに関わる「精神変態」と見ることができます。身体の全体的なイメージをつくりだしているのは、想像界という心のレジスターです。この想像界と象徴界の結びつきが弱まり、それが身体という現実界との分離を引き起こしています。

南方熊楠のじっさいの思考法を見てみると、そのことがもっとよくわかります。彼は当時のヨーロッパで飛躍的な発展を見せていた自然科学の方法を学び、それを十分使いこなすことができていましたが、自分の知っている現実界の実相にその方法はまったく適合できていないという不満を感じていました。実証科学（ポジティブ・サイエンス）は現実の世界にあらわれた（現実化した）事実だけを集めて、その因果関係をあきらかにしようとします。しかし、世界はそんな風にはつくられていない、というのが熊楠の実感でした。

事物には「潜在性の状態」と「現実化した状態」との二つの様態があって、現実化している事実もじつは潜在性の状態にある事実を介して、お互いにつながりあっています。そのため現実化した事実だけを集めて因果関係を示してみせたとしても、それは不完全な世界理解しかもたらさない、というのが熊楠の考えでした。事物や記号はいったん潜在空間にダイビングしていく見えない回路を介して、お互い関連しあっています。そして潜在空間ではあらゆるものが自由な結合をおこなう可能性を持って流動しています。

したがって現実化した客観世界でS1→S2という因果関係を持って関係しているように見えるものも、じつは次のような潜在空間へのダイビングを介して、間接的に関係していることになります。

南方熊楠の見ていた世界は、潜在性の状態と現実化された状態との間を、ループ状につないでその間を往復しながら進行していくのです。しかも潜在性の状態にある空間では、あらゆるものが多様な

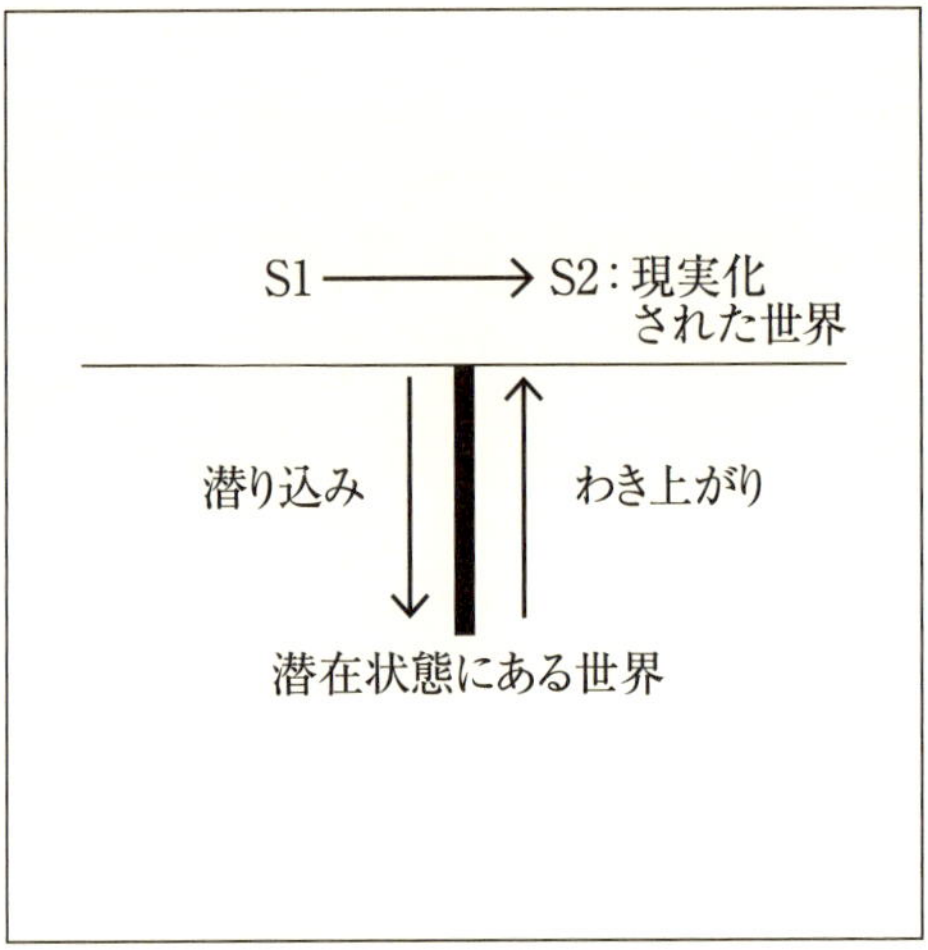

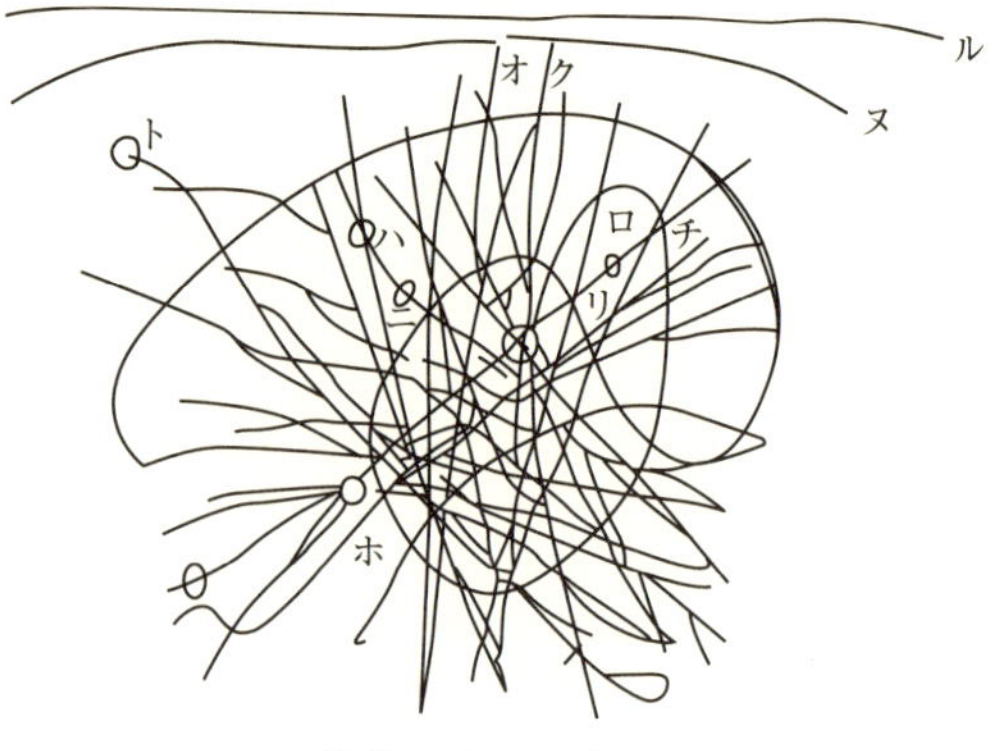

熊楠のダイアグラム

方向に広がり、つながりあい、分岐や切断や再結合をおこなっています。いったいこんな熊楠的世界に通用する「論理＝象徴界」などは存在するのでしょうか。

那智の山中にあった熊楠は、そのような「象徴界」を一つのダイアグラムで表現しようとしています。

このダイアグラムは後の時代になって「南方曼荼羅」と呼ばれることにもなりましたが、じつはこれは仏教の言う曼荼羅ではなく、熊楠のとらえていた世界の「縁」のつながりを示すダイアグラムであり、彼が必要としていた独自の象徴界の構造図にほかなりません。つまり、このダイアグラムこそが熊楠にとっての、象徴界をふたたび現実界・想像界につなぎあわせるシントムなのです。このシントムを発見することによって、熊楠は精神病にならなかったとも言えるでしょう。このダイアグラムと『フィネガンズ・ウェイク』の間には、本質的な共通性が存在しています。

南方熊楠の書いたあらゆる文章に、この象徴界の「シントム」が作用を及ぼしています。彼の書く文章はどれも平準をはずれたアブノーマルなものでしたが、どれもが「楽しい」という共通する性格を持っています。論理はこのダイアグラム的に展開します。まじめな話と猥談が共存し、観念の領域の抽象的な話題はやおら下半身的な身体論につながっていきます。つねに熊楠の思考は潜在性の空間に、快感原則にしたがって活動する無意識の原初過程に浸されているので、難しい論理と悦楽が一体になっているのです。

文章そのものが、多次元的・重層的に伸び広がっていく自らの思考を、言語の線形構造に無理矢理合わそうとして難儀している様を示しているようにも見えます。書く行為自体が矛盾そのものをあらわしています。そういう文章は一気呵成に、猛烈なスピードで書いていくしかありません。文章自体が彼の心の症候のシントムなのです。

その特徴はとくに書簡によくあらわれています。紙を張り合わせて長い巻物にして、ぶっ通しで何時間でも休みなく書き続け、ついに一通の手紙が仕上がるのですが、そこに書き付けられた文字や絵を眺めているだけで、そこから溢れかえる焦燥感と悦楽をまざまざと感じ取ることができます。頭の中にあるあのダイアグラムの構造をした高次元のモジュールが動きだし、それが二次元の紙の上に、線形をした言語の構造をとおして、自分を展開しようとしている。そのときの悦楽と苦痛を同時に感じるのです。

これとよく似た例をモーツァルトに見ることができます。モーツァルトは作曲する前に曲がいちどに全部頭の中に現れてくる、と自分で書いています。一つの音楽が着想されると、その曲はすべてが一挙に頭に浮かんでくる、ということは、曲全体がかたまりになって一つの和音として聞こえてくるということでしょう。作曲とはモーツァルトにとって、その一つの和音のかたまりの中から、時間軸に沿って展開していく紐のようなメロディの線を引っぱり出し、全体に響き合っている和音の影響を受けつつ、その音の紐を楽譜に書いていくやっかいな「仕事」にすぎませんでした。音楽が浮かんでくるときはまさに悦楽とともに彼のもとに到来するのですが、それをみんなが理解できる曲につくりかえるためには、面倒な労働をしなければなりません。それは退屈で苦痛な仕事にすぎないけれども、お金を稼ぐためにはこの苦痛に耐えなければいけないというのがモーツァルトの考えでした。

そしてそれが演奏されるとき、すなわち楽譜の線形秩序を読み解いた演奏者が、その曲を楽器で演奏するとき、私たちはそれが作曲者の脳に出現したときの悦楽に近い、喜びの感覚を味わいます。そのとき私たちの心に、記憶力と全体を再構成する能力を通じて、和音の全体像がある程度復元されるからです。モーツァルトの心＝脳に出現したときの悦楽ほどではないにしても、かなりの程度でそれに近い悦楽です。その悦楽を得るために、聴く者は音楽が流れている数十分を我慢しなければなりませんが、その我慢は聴く者の心にあの和音の断片が出現した瞬間に報われます。その瞬間の悦楽を得るために、私たちはお金を払って、チケットを手に入れました。モーツァルトが作曲してお金をもらったように、私たちは音楽を聴く行為にお金を払います。こんなわけでお金を払う行為にはいつも労苦が結びついてくるわけですが、音楽の創造と消費の全プロセスで起こっていることを理解するためには、私たちは無意識の原初過程に結びつく新しい経済学を創出する必要があります。

南方熊楠のおこなった創造の秘密を知るために、無意識の原初過程を組み込んだ新しいサイエンスが必要です。ここからはジョイスともラカンとも別れて、私たちはシントムという鍵だけを携えて独自の道へと踏み込んでいかなくてはなりません。するとすぐさま「自然」の主題が大きく浮上してくることになります。アジア人の心の構造においては「自然」がきわめて重要なポジションを占めています。そしてその結果、南方熊楠のような天才の創造に深く関わるシントムのつくられ方にも、この「自然」の主題が大きな影響を及ぼすことになります。

4　トーテミズム＝想像界のシントム

ジョイスは父親的なものを心に組み込むことがうまくできなかったために、空隙を埋めるかのようにその場所に「父親の名前」にあたる、芸術作品をつくりだして補強したのだというのがラカンの考えでした。南方熊楠の場合も、その創造行為には「名前」の問題が大きく関わっています。ただし、熊楠にとっての「名前」の問題は、人間的な社会の場所に人を引き出していく父親的な象徴界の働きではなく、「自然」の側に人を深く引きずり込んでいく想像界の働きに関係しています。「名前」のおかげで、人間の世界ではなく、熊楠は「自然」につながっていくのです。

熊楠はいろいろなところで次のようなことを書いています。

今日は知らず、二十年ばかり前まで、紀伊藤白《ふじしろ》王子社畔に、楠神と号し、いと古き楠の木に、注連《しめ》結びたるが立てりき。当国、ことに海草郡、なかんずく予が氏とする南方苗字の民など、子産まるるごとにこれに詣で祈り、祠官より名の一字を受く。楠、藤、熊などこれなり。この名を受けし者、病あるつど、件の楠神に平癒を禱る。知名の士、中井芳楠、森下岩楠など、みなこの風俗によって名づけられたるものと察せられ、今も海草郡に楠をもって名とせる者多く、熊楠などは幾百人あるか知れぬほどなり。（「南紀特有の人名」『民族と歴史』、一九二〇〔大正九〕年）

じっさいに調べてみますと、この地方に「熊楠」などという名前はそう多くはないのですが、彼によると何百人もいるほど平凡な名前だと言います。幼い頃病気をして、生死の境をさまよったことがある、そのとき藤白王子社を詣でると、そこの神官が境内にある楠の大木にちなんで、「楠」の字を授けてくれた。植物界の王者のような樹木にこうして自分は結びつけられ、それに動物界の王者である「熊」の字をつけて、「熊楠」とした。そうしたら不思議なことに病気は癒え今日にいたったのである、というわけです。また別の場所ではこうも書いています。

小生幼時脾疳《ひかん》を煩い、とても育つまじと医師が言いしを、亡父手代に小生を負わせ、和歌山より四里歩み、この王子の境内にある楠神に願をかけ、楠の字を申し受け熊楠と命名せり。（中瀬喜陽編著『南方熊楠、独白——熊楠自身の語る年代記』河出書房新社）

熊楠という名前は彼にとって特別な意味を持っていました。自分につけられた名前に、紀州に残っていた人間と動植物を密接な関係で結びつける「トーテミズム」の遺風が示されているからです。人類学に通じていた熊楠は、自分の名前がトーテミズムの思考法によって決定されたことに、喜びを感じていました。子供を人間の社会に組み込んでそこにつなぐための名前ではなく、動物や植物の世界と結びつけるためにつけられた名前が自分に与えられたことに、彼は幸運を感じていたのです。

トーテミズムは人類最古の社会理論とも言われている、古い思考法に根ざしています。古くはどこの世界にも見られたものですが、人間と動植物を分離する思考が発達するようになると、多くの地域では意味のわからなくなった遺風となってしまいました。しかしオーストラリア先住民の世界などでは、今でも生き生きと伝えられている考え方です。

トーテミズムでは人間は環境世界から切り離された、孤立した存在とは考えられていません。たとえば私がヤムイモのトーテムに生まれたとすると、私の存在ないし魂はヤムイモの生きている世界とつながっています。ヤムイモは地下に根を下ろして生きていますが、地上の存在である人間の私の魂は、この地下界でまどろんでいるヤムイモといつも一体です。私はヤムイモの生育にも存在そのものにも強い責任感を抱いています。なにしろ私の先祖がヤムイモだったのですし、今も私という存在の半分は地中にいるヤムイモとつながっているのですから。同じようにカンガルー・トーテムの一員である人は、魂がカンガルーと一つで、その動物の生存には重い責任を負うことになります。

トーテミズムのおこなわれる社会では、人間の世界と動植物の世界はひとつながりになっています。夢を通路にして、人間はいつでも動植物の世界と行き来することができます。人間と「自然」はここでは切り離されていません。そうなると、一人の人のアイデンティティというものは、今私たちが生きている社会でのように人間の世界の中だけで決定されません。人間としての私とヤムイモやカンガルーとしての私とが、同じ「私」の中に同居しているのです。昼間はその「私」の中の人間が活動をおこなっているようでも、儀式や夜の夢の中ではヤムイモやカンガルーの部分の私が活躍することになります。

南方熊楠は「熊楠」という名前を与えられたことによって、このようなトーテミズムの主体として生きることを定められたことを、強く意識していました。熊楠という主体は、楠の樹としてその魂の一部を大地に深く根を下ろしています。熊として森の奥に潜んでいる、そして同時に人間でもあるという、多重アイデンティティを生きることになります。

熊楠は自分の名前を強く意識することによって、想像界に強固なシントムをセットした、ということができます。想像界は人間という生物を動植物の領域でもある現実界から分離して、イメージと言語で思考する存在につくる心のレジスターです。想像界があることによって、人間ははじめて動植物から分離されるのです。ところが南方熊楠はこのような分離を拒否する「自然人」でした。自分の中の人間の部分と動植物の部分はひとつながりになっており、動植物が苦しんでいれば、自分の中の人間の部分も同じような苦しみを感じるというのが、このような「自然人」では当たり前であり、後年になって神社合祀反対運動のときに熊楠の中で爆発したのは、この構造から発する怒りでした。

ですから熊楠のような心のつくりをした人が、普通の人たちのような生き方をしたとしたら、現実界が想像界から離れていってしまう徴候を産むことになるでしょう、それは精神病を産むことになります。それを食い止めるために、南方熊楠は神話の力を借りて、自分を強固な「トーテミズムの主体」につくりかえていきます。人間であると同時に楠であり熊でもある「私」が出来てきます。彼はもはや人間ではなく、深く「自然」の中に根を生やした動物＝植物＝人間です。この多重アイデンティティとしてつくられた「私」をとおして、現実界は想像界と強く結ばれることになります。

これは想像界の脆弱な部分を補填する、心のサプリメントとしてのシントムと考えて間違いないでしょう。南方熊楠は日本民俗学を創出した偉大な「父」の一人と言われてきましたが、その人にとって民俗学・人類学の研究そのものが、想像界のシントムだったように思われます。人間の想像力から生み出される「神話」に熊楠は深い関心をいだきましたが、神話に古代人の社会思想や王権思想を見出そうとする人々とは異なり、熊楠は神話が人間と「自然」をつなぐ働きを持っていることに興味を抱いていました。人間と動植物が境界を踏み越えてたがいに混交しあっている様子を、神話は表現しようとしています。そこに働いているトーテミズム的な思考を、熊楠は掘り出そうとしています。

その代表作が『十二支考』（一九一四〜二三）という大論文です。十二支に配置された動物のそれぞれについて、熊楠は世界中の神話・伝説を渉猟して、エンサイクロペディアをつくろうとしました。

そこに集められた神話・伝説の多くが、人間と動物の対等で対称的な関係をあらわしています。人間が動物に変身したり、動物と人間が結婚して子供を儲けたりするお話の奥に、熊楠はトーテミズムの思考の表現を見出そうとしています。民俗学はこのような古い思考の名残りを集めた宝庫です。

その世界で、南方熊楠は想像界を拡張し補塡するシントムをつぎつぎと発見しては自ら楽しんでいました。民俗学にたいするこのような悦楽的な態度は、柳田國男にとっての民俗学とは、色合いの大きく異なる民俗学を生み出すことになるでしょう。「南方民俗学」とは、熊楠が想像界に補塡した巨大なシントムの集積体にほかならなかったのだと、私は考えています。

5　粘菌＝現実界のシントム

『森のバロック』を書いたとき、私は生物学者としての南方熊楠が、粘菌の研究に没頭していたばかりではなく、それと同じくらいの情熱を注いで「ふたなり」の研究にのめり込んでいたことを知って驚いたものです。熊楠の言う「ふたなり」は、生物学的な男女の性の象徴を二つとも併せ持っている人のことであり、熊楠はどこそこにそういう人がいると聞くと、遠い道のりも厭《いと》わず、出かけていって観察させてほしいと頼み込んでいました。ふたなりへの関心は熊楠の実存と深く関わっていますが、それは粘菌という生物のあり方とじつによく似た特徴を持っています。

粘菌という生物は生物学的な分類からはみ出してしまう多くの特徴を持っていますが、ふたなりも性の分類を逸脱した特徴を示している人たちです。南方熊楠は分類をはみ出す存在に、深い興味を抱いていました。これは言い方を変えると、現実界の生命現象が象徴界の秩序をはみ出し、現実界と象徴界が分離していく事態を、熊楠がむしろ積極的に求めていたことを示しています。

今では何冊かのすばらしい写真集が出て、粘菌という生物の魅力が知られるようになってきました。現代生物学の最先端で粘菌の認知能力のことが話題になるなど、粘菌は熊楠がそれを研究していた時代に比べると、ずいぶんポピュラーな生物になってきました。

粘菌に出会うには、梅雨時の森に入っていくのがいいでしょう。腐った樹木の表面などに、美しい色彩をした粘っこい感触の生物らしきものが、はりついているのを見かけることができます。根気よく観察を続けているとその生物らしきものが、ゆっくりと動いているのがわかります。これはアメーバ状をした原形体の状態にある粘菌が、樹木の表面にいる他の生物を捕食しながら進んでいる現場で、このとき粘菌は細胞分裂を繰り返しながら、まぎれもない動物としてふるまっています。しかし雨が降り止んであたりが乾燥すると、原形体は動きを止めて、いっせいに茎を伸ばし、先端に胞子嚢を成長させるようになります。その美しさと言ったら例えようもありません。そして膨らんだ胞子嚢からあたり一面に胞子を飛ばします。このとき粘菌は植物に特有のふるまいをしています。

南方熊楠はこの粘菌の異常な生態に深い関心をもって研究しました。那智周辺の森で彼が発見した新種の粘菌だけでも十数種類にのぼります。熊楠は粘菌の生物としての「アブ＝ノーマル」な生態に引かれていました。


粘菌は、動植物いずれともつかぬ奇態の生物にて、英国のランカスター教授などは、この物最初他の星界よりこの地に墜ち来たり動植物の原《もと》となりしならん、と申す。生死の現像《げんしょう》、霊魂等のことに関し、小生過ぐる十四、五年この物を研究罷りあり。（柳田國男宛書簡）

生命はもともと現実界に属する現象で、人間的な心がその上に形成されるところの想像界にも、その想像界を言語で組織化したところの象徴界にもおさまることのない本質を持っています。その生命現象に対して、人間は「分類」をほどこし、象徴界の秩序におさめようとします。近代生物学が発達する頃には、あらゆる生物が植物界と動物界に二大分類され、どんな生物もどちらかのカテゴリーに属しているものと考えられるようになっていました。生物に関しては、現実界は象徴界で押さえられると考えられたわけです。

しかしその時代に、南方熊楠は生命という現実界は象徴界より大きく、象徴界の体系をはみ出している現象がかならず存在しているはずだ、と考えていました。現実界である生命現象は、象徴界が世界に張り巡らそうとしている環から外れている、そう考えた熊楠はそのことを示している生物を探し求め、ついに粘菌と出会ったわけです。

生命現象を捕獲するには、拡張された象徴界が必要です。象徴界の環が外れてしまった場所を埋めて、現実界との絡み合いを取り戻すことができる存在。それが熊楠にとっての粘菌という生物でした。粘菌は生物分類の秩序を混乱させる「シンプトム（症候）」です。そのシンプトムを創造的なシントムに転換するとき、破綻した象徴界は自らを拡張することによって、現実界との絡み合いを回復できるでしょう。粘菌は熊楠にとって、生物学上の「シントム」だったのです。

それればかりではありません。粘菌はまた南方熊楠にとっての『フィネガンズ・ウェイク』の機能も果たしていました。ジョイスの「ウェイク（お通夜）」は生と死を分離する象徴界の権能を攪乱《かくらん》する時間をあらわしていました。そこでは生と死を分離することは不可能で、それらは共存し、ループ状に合体して一つの現実をつくり、生は死に根を下ろし、死が生の中に組み込まれています。熊楠は粘菌の生態の中に、それと同じ「ウェイク性」を見ていました。熊楠はこう書いています。

故に、人が見て原形体といい、無形のつまらぬ痰様の半流動体と蔑視さるるその原形体が活物で、後日蕃殖の胞子を護るだけの粘菌は実は死物なり。死物を見て粘菌が生えたと言って活物と見、活物を見て何の分職もなきゆえ、原形体は死物同然と思う人間の見解がまるで間違いおる。
（岩田準一宛書簡）

ここでも生と死を分離する象徴界の秩序は、粘菌の生態によって完全に攪乱されてしまっています。生物の生命現象は人間の知性の生み出す象徴界の秩序におさまらないばかりではなく、生命という現象自体が「ウェイク的」な知性によらなければ理解できない、とまで熊楠は考えました。そのことを彼は仏典を引き合いに出しながら、哄笑《こうしょう》とともに次のように語るのでした。

ちょうど小生粘菌を鏡検しおりしゆえ、それを示して、『涅槃経』に、この陰滅する時かの陰続いて生ず、灯生じて暗滅し、灯滅して闇生ずるがごとし、とあり、そのごとく有罪の人が死に瀕しおると地獄には地獄の衆生が一人生まるると期待する。その人また気力をとり戻すと、地獄の方では今生まれかかった地獄の子が難産で流死しそうだとわめく。いよいよその人死して眷属の人々が哭き出すと、地獄ではまず無事で生まれたといきまく。（同前）

南方熊楠の「アブ＝ノーマル」な思考では、現実界としての生命現象と、それを理解していると称する近代の常識や科学の拠り所とする象徴界とは、現実界が怪物化していくことによって象徴界から外れてしまい、ボロメオの輪の構造を保てなくなっていると見えていました。生と死を同じ平面の上の二つの対立する現象ととらえると、象徴界は現実界から外れていってしまいます。

そこで熊楠は、その輪が外れて空隙になった場所に、粘菌という「名前を持った現実界」を置こうとしたのです。粘菌はそれ自体が生物ですから、『フィネガンズ・ウェイク』のような芸術作品ではありません。熊楠がその空隙に置こうとしたのは、「粘菌」という熊楠的概念なのです。この概念は、『フィネガンズ・ウェイク』的な構造を備えており、その概念をもって「自然」の営為や生死の現象をとらえ直すとき、壊れかかったボロメオの輪は、高次元での結びつきを回復できるようになるはずです。

こうして熊楠には、想像界におけるトーテミズムの主体や現実界における粘菌に嚙み合うことのできる、象徴界での対応物を探し出す、という課題が残されることになりました。それは「科学（サイエンス）」としての一貫性、体系性を備えていなければなりません。その「科学」は今ある科学と同じものではありませんから、「超科学」と呼ばれてもおかしくない本質を持つことになるでしょうが、けっして想像的なものであってはなりません。象徴界につくられる体系でありながら、普通の科学者の常識を越えている体系です。那智の山中で、熊楠はそのとき現代まで届くような大きな問題系を見据えていました。

6　華厳仏教＝象徴界のシントム

トーテミズムの主体がかたちづくる想像界、粘菌があらわにする現実界、これら二つのレジスターの輪に絡み付いて、固く結び合ったボロメオの輪の構造をつくるためには、熊楠の求める象徴界のシントムはどのような仕組みを持つことになるでしょうか。これは『フィネガンズ・ウェイク』の論理をもとにした「新科学」をつくれ、というのと同じくらい困難な問題です。

しかし答えはすでに「南方曼荼羅」と呼ばれているダイアグラムの中に示されています。それは生と死を分離せず、人間の根拠を「自然」の内部深くに下ろし、あらゆる分類に先行する実体に触れ、潜在状態と現実化された状態をループにつなぎ、単純な因果律や矛盾律を越えているものでなければなりません。私にはこのダイアグラムがそのような仕組みを備えた象徴界の論理を表現しようとしたもののように思えてなりません。

じっさいこのダイアグラムは、さきほども述べましたように、不十分ながらもそのような条件を完全に備えています。熊楠の構想した新しい象徴界では、線形論理による因果論を「縁」の多次元論理につくりかえ、潜在空間とループによってつながれているために矛盾律を乗り越える弁証法の能力が備わっています。「自然」の論理とも矛盾なく接続することができるため、人間の象徴界が「自然」を抑圧することもありません。こういう象徴界の仕組みを「来るべき科学」として、熊楠は激しく求めていました。

このようなダイアグラムを熊楠が思いついた背景には、仏教などから学んだアジアの哲学思想からのあきらかな影響を認めることができます。仏教の中でも『華厳経』から真言密教にいたる思想の流れの中では、潜在空間(ここでは事物は単純な因果関係で結ばれていません)と現実化された状態(ここに現れた事物は因果関係で結ぶことができます)とをループでつなぐ、「マトリックス」の思想が発達しました。南方熊楠はそこに自分の心がとらえる拡張された想像界と拡張された現実界を、まるごと統一的に結ぶことのできる象徴界の構造の表現を見出していました。那智書簡の中で、彼はこう書いています。

(因果は断えず、大日は常住なり。心に受けたるの早晩より時を生ず。大日に取りては現在あるのみ。過去、未来一切なし。人間の見様と全く反す。空間また然り。)故に、今日の科学、因果は分かるが(もしくは分かるべき見込みあるが)、縁が分からぬ。この縁を研究するがわれわれの任なり。しかして、縁は因果と因果の錯雑して生ずるものなれば、諸因果総体の一層上の因果を求むるがわれ

われの任なり。（土宜法竜宛書簡）

ここに素描されているのは「拡張された象徴界」の構造にほかなりません。「大日」とよばれる潜在空間には、過去－現在－未来という時間秩序がありません。これは人間の言語に備わった線形構造がつくるものだからです。ですからそこには時間展開していない、楽譜に引き出される以前のモーツァルトの頭に鳴り響いている和音のかたまりのような、存在のマトリックスがあります。仏教ではそのような潜在空間と現実化された状態とが、渾然一体となって動きながら、世界を生成していると言われています。

したがって、世界は「不思議な環」の構造をしたループとしてできており、単純な因果ではつながりあっていないことになります。世界は因果ではなく、因果の錯綜した網として生成されており、現実的な因果が見出せないところにも、潜在空間を介して見えない「縁」が諸因果をつないでいるのが見出されるというのが、世界の実相であり、それをとらえることのできる新しい象徴界の体系を見出すことこそが、「われわれの任」であることになります。

仏教がそのような象徴界の体系を探っていたことを、熊楠は知っておりました。とくにインドと中国で展開された『華厳経』の運動の中で、その問題にたいして今日でも少しも時代遅れになっていないような、深い思想の探究がおこなわれていました。『華厳経』では潜在状態と現実化状態を一つに巻き込んだマトリックスの運動として、世界の実相が思考されています。西洋で発達した数学では、マトリックスというものを行と列に並んだ数の集まり（行列）として表現しました。そのマトリックスを利用して、物質界の「縁」の構造を探る最初の量子力学がつくられました。『華厳経』は驚くほどそれとよく似た考え方で、物質界と心界をつなぐ複雑な「縁」の様相を捉えようとしています。熊楠はその中に、将来の科学の形でもある「来るべき象徴界の体系」を見て取ろうとしていました。

私はこのとき熊楠が得ていた着想を、現代によみがえらせてみたいと考え続けてきました。私たちが生きているこの時代では、熊楠が生きていた時代よりもはるかに深刻な勢いで、人間を人間たらしめている想像界や「自然」そのものであるところの現実界から、科学という象徴界の秩序の乖離していく現象が進んでいます。経済の領域でも同じことが起こっています。象徴界から出現した貨幣という存在が、社会や自然環境を脅かしています。

私たちは熊楠の抱いていたような激しい情熱をもって、想像界や現実界に確実な絡み付きを実現できる強力な象徴界を、新しい「シントム」として創造しなければならないときに直面しています。

7　超ボロメオの輪

南方熊楠によって象徴界として形成されたこのシントムは、容易に彼の想像界のシントムや現実界のシントムに絡み付いていくことができます。三つの異なるレジスターにつくられたシントムは、いずれも同じ原理を内蔵しているために、その原理を共通平面として、三つをボロメオの輪の構造に絡み合わせることができるからです。

これはジョイスの場合には見られない異常な事態を示しています。ヨーロッパの近代人であるジョイスにとっての重大問題は、もっぱら象徴界に関わっていたのですが、明治の日本人である南方熊楠にとっての危機は、彼の前につきつけられた西洋的近代を構成する象徴界－想像界－現実界の三つのレジスターすべてのつなぎ目に関わっていた、というところが大きな違いになっています。熊楠はそれらすべてのつなぎ目において、深刻な症候（シンプトム）を体験し、それを乗り越えるために、三つのつなぎ目すべてで独自のシントムを創造・発見したのでした。

驚くべきことは、熊楠の心においてそのようにして創造された三つのシントムが、いっそう高次の次元で「超ボロメオの輪」の構造をつくりだしていることです。近代的自我をつくるボロメオの輪は、熊楠のような能力豊かなアジア人の心を狭苦しい秩序の中に押し込めようとしていましたが、熊楠はそれと闘って拡張されたシントムによってつくられる、いっそう高次元のボロメオの輪を生み出そうとしました。それは次のような超構造をしていると考えられます。

科学者である南方熊楠のおこなった達成は、ある意味では、文学者ジョイスの芸術の領域での達成を凌駕しているのではないでしょうか。熊楠にとっては、想像界と現実界と象徴界の三つのレジスターすべてにおいて、「輪が外れかかっている」と感じられていました。それは熊楠自身の個人的なシンプトム（症候的な危機）に関わっていると同時に、近代西欧に直面したすべてのアジアの知性が体験していたシンプトムでもありました。そのとき「輪の外れかかった」三つのレジスターすべてにわたって、南方熊楠は思考能力の拡張を実現しようと試みたのです。

ここには科学の未来のみならず、芸術《アート》の未来までが、予見されているのではないでしょうか。芸術は「自然」という現実界に深く接触しながら、その「自然」と想像界の交差空間において、象徴界の形式を生み出そうとする実践です。それは三つのレジスターすべてにわたりあっており、多くの芸術家がそこで「輪が外れている」ことを感じ、なんらかの精神的な症候を体験しながら、自分独自のシントムをつくりだそうと格闘しています。芸術家たちのその格闘にとって、南方熊楠の試みは先駆的な意味をもっています。このように考えると、南方熊楠はまったく「我らの同時代人」と言えるので

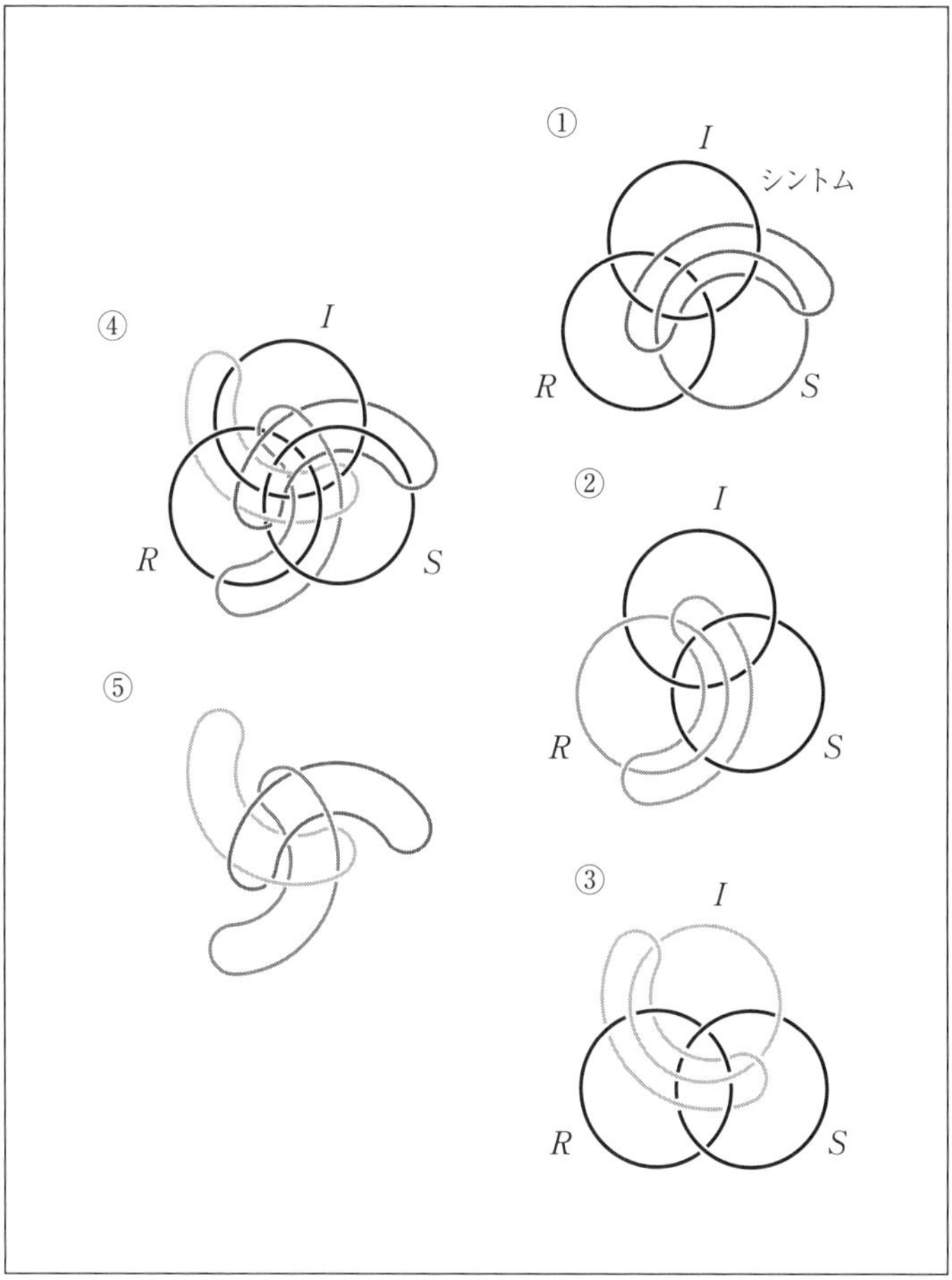

超ボロメオの輪としての南方熊楠の学問宇宙

はないでしょうか。

8　シントムとしての学問

南方熊楠は新しい学問の構造を丸ごと一つつくりだそうとしていました。それはシントムで構成された「超ボロメオの輪」の構造をしています。これをつくりだすことによって、熊楠は学問を一つの創造行為として生み出したばかりでなく、個人的には自身の心を精神病の危機から救い出したのでした。このことを、熊楠自身がはっきりと自覚していました。それについて熊楠は、柳田國男に宛ててこう書いています。

小生は元来はなはだしき疳積持ちにて、狂人になることを人々患《うれ》えたり。自分このことに気がつき、他人が病質を治せんとて種々遊戯に身を入るるもつまらず、宜しく遊戯同様の面白き学問より始むべしと思い、博物標本をみずから集むることにかかれり。これはなかなか面白く、また疳積など少しも起こさば、解剖等微細の研究は一つも成らず、この方法にて疳積をおさうるになれ

て今日まで狂人にならざりし。（柳田國男宛書簡）

熊楠は同じ精神の病質（シンプトム）を抱えていたと思われるドストエフスキーのように、賭博のような「種々遊戯」に身を入れることはしませんでした。そのかわり、賭博と同じに遊戯的な、「学問」というものから始めようと思った人でした。

遊戯の原型は賭博にあり、さらにその原型は占いにあります。占いにはさまざまなやり方が発明されてきましたが、基本は象徴界にいかにして「偶然」を導入するかにかかっています。賽子《サイコロ》を無作為に投げ出すこと、忘我の状態に入った巫女の言葉、夜歩きする狐の足跡など、偶然を導入する方法はいくつも考えられてきました。そこから占いの世俗形態である賭博というものが発達してきましたから、賭博もまた象徴界への偶然の取り入れの試みと考えることができます。

人間がこういう賭博に夢中になるのは、無意識の原初過程にダイビングしながら意味を生成している言語活動の本質が、遊戯をとおして表面に引き出されてくるからでしょう。遊戯は自由の感覚を与えてくれます。それは賭博のような遊戯が、強烈な形で原初過程の本質である快感原則に触れさせてくれるからです。したがって遊戯をシントムの一種と見なすことができます。てんかん質の熊楠はドストエフスキーのような賭博師になって、自らの症候を抑えることもできたでしょうが、彼はそうしないで、学問の道を選んだのでした。

もちろんすべての学問が創造的なシントムとなることはできません。たいがいの場合、学者たちは自分の生きている時代に支配的な象徴界の構造をなぞっているだけで（その行為はトーラスの表面に何重にも紐を巻き付けている行為に例えることができます。学問という行為はそれによってトーラスの構造、言い換えると象徴界の構造を、少しも変化させないのです）、思考の及ばない空隙を埋めるために、いままでなかった象徴界をつくりだそうとはしません。こういう学問はほんものの遊戯になることはできず、ましてや熊楠のような人の心を満足させることもないでしょう。熊楠にとっての「学問」は、そういう世間のいわゆる学問とは根本的に違って、まさに無から有を生み出す行為だったのです。

それにしても熊楠が自ら創造した学問というシントムは、なんと雄大な造りをしていたことでしょう。それは精神的症候の生み出した最高の産物と呼んでよいものです。「シン（プ）トム」はときに人類にとてつもない贈り物をもたらすものです。

第四章　二つの「自然」

このたびフランスの人類学者フィリップ・デスコラ氏に「コスモス国際賞」(二〇一四)が贈られることになりました。この賞は人間と自然の関係に新しい回路を発見することによって、地球環境が抱える問題の解決に大きく寄与した人々に贈られてきましたが、今回のデスコラ氏の受賞は、日本文化にとってもきわめて大きな意味をもつことになろうと思われます。

デスコラ氏はクロード・レヴィ゠ストロース氏によってひとつの頂点をきわめたフランス人類学の伝統を受け継ぎ、それをさらに現代世界の抱える諸問題に有効な処方箋を与えることのできる知的営為として高めていこうとする、画期的な研究を展開されてきました。レヴィ゠ストロース氏は神話や儀礼など人間のおこなう思考の領域に深い関心を集中されましたが、デスコラ氏は思考する人間を取り巻いている自然環境のほうにより強い関心を寄せました。その関心を深める研究をつうじて、デスコラ氏は自然と人間の関係をめぐって西欧世界がつくりあげてきた思考法そのものに根本的な反省をうながす、深淵な思想を提示してきたのです。

このようなデスコラ氏の研究は、とりわけ日本人にとって重大な意義をはらんでいます。デスコラ氏の研究は、西欧文明の基礎に組み込まれている「自然と文化の大分割」という強固な土台に挑みかかり、それを揺るがすことによって、人間と自然との間に新しい関係を創出しようという試みでありますが、そのテーマはまさに日本人が近代化の過程をつうじて常に抱え続けてきた葛藤に、まっすぐにつながっています。

デスコラ氏が人類学者として前面に据え続けてきた問題は、日本の知性たちがこの百五十年ほどの間、片時も忘れることのなかった主題にほかなりません。夏目漱石をはじめとする文学者にとっても、西田幾多郎に代表される哲学者にとっても、「自然と文化の大分割」という西欧的思考の原則こそ、西欧文明が日本文化に突きつけた最大の思想的挑戦と思われるものでした。

日本文化は「自然に包摂された人間」という根本的な思想に基礎づけられてきました。そこでは自然と文化は分割されるのではなく、相互に通底しあっています。自然が文化の内部に折り畳み込まれ、文化は自然の内奥に包み込まれていくことが、理想とされてきました。この思想は作家や知識人や芸術家によって表立って表現されてきたばかりではなく、庶民の生活や環境世界の造形のなかに、深く息づいています。それは日本人の無意識の構造をかたちづくっており、料理でも造園でも農業でも漁労でも祭祀でも、はては会社や経済のシステムであろうと、あらゆる領域に浸透していると言っても、過言ではありません。

そのような実例はたちどころにいくつもしめすことができます。たとえばそのことは、日本人の宗教である神道と仏教のなかに、はっきりと表現されています。インドや中国の仏教では、「人間(human)」と「人間ならざるもの(non-human)」という対立軸によって、存在者を分類するのではなく、「有情＝意識をもったもの(sentient being)」と「非情＝意識のないもの(non-sentient being)」という対立軸にそって、存在者を分類します。この分類法によりますと、人間と動物は「有情」ですが、植物は「非情」に分類され、動物食を自らに禁ずるベジタリアンの主張に根拠を与えています。

ところがこのような仏教思想が日本に入ってくると、境界線を自然の領域へと大きく拡大していく試みがなされ、その結果植物までもが意識をもった存在である「有情」に含められるようになったのです。仏教の存在論の枠組みを、日本人は「アニミズム」の思考原理をもって組み替えてしまいました。そのせいで、いまでも林業の盛んな東北地方などの山に入りますと、しばしば「草木塔」という石の塔が立っているのを見ることができます。樵夫《きこり》たちは、木を切ることを有情の一員である樹木の命を奪うことであると考え、猟師たちが殺した動物の霊を鎮魂するのと同じように、植物の霊の慰霊をおこなっていました。

人間と動物の間に強いつながりを感じるだけでなく、人間と植物も連続しているというこの庶民的な「草木塔」の思想は、さらに芸術的に昇華されて、多くの傑作を生み出してきました。中世に世阿《ぜあ》弥《み》の天才によって高みに上り詰めた「能」のなかで、人間と植物の連続性というこの主題は、さまざまなかたちで何度もとりあげられました。

なかでも有名な『芭蕉』という作品のなかでは、山中で孤独な修行を続ける僧の前に、夜ごとあらわれて読経《どきょう》に耳を傾ける一人の女性が登場してきます。不思議に思った僧がたずねると、その女性の語ることには、自分は寺の庭に生えている芭蕉の精であるというのです。情動の強い女性が悟りを得ることは難しいと言われているのに、自分はさらに植物という「人間ならざるもの」ですらある。そういう私にも悟りを得ることができるだろうか、と女性は僧に聞き返します。すると僧は「草木悉皆成仏（植物はすべて仏になりうる）」という教えを語りだします。植物と人間は同じ「心」のもとを共有しているのであるから、どうして仏になることができないなどということがあろうか、と説くのです。これを聞いた女性はうれしそうに芭蕉のなかに消えていくのでした。

この能の上演に立ち会いますと、私たちは自分が人間であることの境界を越えて、植物の領域に溶け込んでいくような感覚的感動を覚えますが、こういう感覚の奥には、「人間ならざる」植物が存在の境界を越えて人間の領域に侵入し、人間もまた境界を越えて植物の領域に踏み込んでいくようになり、人間と植物の混成体（ハイブリッド）のなかから、私たちはかりそめに「人間」として現象している存在にすぎないのだという認識が活動しているのがわかります。

「人間」と「人間ならざるもの」とを分離するのではなく、この二つの存在範疇が重なり合ういわば「糊しろ」のような中間領域を豊かに造形しようという情熱が、日本文化における創造を突き動かしてきましたが、それは産業の分野にも大いに発揮されました。農業を例にとってみましょう。農村では、人の暮らす領域である「里」と、動物と植物の生活領域である「山」とは、一応分離されていました。「一応」と言ったのは、二つの領域は「里山」というどちらでもない「糊しろ」のような中間領域によって接続され、「里」から「山」への移行が、この玉虫色の中間領域を挿むことによって、「いつとはなしに」起こってしまうようになっているからです。

この「里山」では、「里」から進出してくる人間の思惑とプログラムが、「里ならざる領域＝山」を生活領域とする動物や植物の要求思惑と出会うことになります。人間はそこをcultivate（文化化）して、できるだけ多くの収穫をもたらす田畑に変えようと望んでいますが、動物や植物はできるだけ自分たちの生存可能条件が保存されることを望むでしょう。「里山」の「里化」を望む人間と、「里山」の「山化」を望む動植物の要求とは、矛盾しあっています。こうしたとき、日本人は自分たちの要求の一部を引っ込めて、動植物の要求の一部を呑むことによって、「大分割」ならぬ「大妥協」を図ろうとしてきました。こうして「人間」と「人間ならざるもの」との間に、連続と分離が両立できるシステムを、「里山」としてつくりだそうとしてきたのです。

私はこのような「里山」のことを考えるたびに、フランスの哲学者ガストン・バシュラールの思想を思い出します。バシュラールは世界がどのようにしてなりたっているかを、「パイこね」の過程として説明しています。パイをこねるときには、あいだに空気の薄い層を残しながら、何回も何回も引き伸ばしたパイ生地を重ねてこねあげていきます。空気層は何重にも充塡されて、パイ生地を分離し、また接合しています。その結果、ふんわりと柔らかいパイができてきます。日本文化も、「人間」と「人間ならざるもの」とのあいだに、「里山」という中間層を挿入し、それを何度もこねあげる努力のなかからつくられてきた、柔らかい秩序をもった世界を生み出してきたと言えるでしょう。

こうしてつくられた「里山」で、動物たちは人間が設置したプログラムや道具類を大いに利用して、そこを繁殖や生活の場所としてきましたし、植物はそこで独自の生態を自ら開発してきました。私は日本でも有数の美しい「里山」と言われる、琵琶湖畔で映像に記録されたほほえましい光景のことを、どうしてもみなさまにお伝えしたいと思います。

琵琶湖にすむナマズは、安全な繁殖場所を湖岸の丘陵地につくられた棚田に求めてきました。そこにある日、地元の人が琵琶湖から水を棚田の上段にまでくみ上げる給水システムをつくってしまいました。それを知ったナマズはさぞかしがっかりしたことでしょう。しかしほどなく、ナマズは画期的なやり方で問題解決を図ったのです。ナマズは水をくみ上げるパイプのなかに飛び込むと、上の段に吸い上げられることを知りました。これを何回も繰り返すと、ついには最上段の田に入って、そこで安全に繁殖をすることを、ある日発見したのです。私は、パイプから吹き上げられたナマズが、気持ち良さそうに水田に落下していくときの表情を忘れることができません。「里山」は、人間にとっても、動植物にとっても、地上の楽園だったのではないでしょうか。

こういう日本文化ですから、近代化の過程で、西欧の世界観の土台をなす「自然と文化の大分割」

の思想を前にしたとき、多くの日本人が当惑し、苦しみました。「文明開化」とともにこの国には、圧倒的な近代的権力を背景として「自然と文化の大分割」の思考が、怒濤のように侵入してきました。西欧化の波に無批判的な知識人たちは、自然と文化のハイブリッドとしてつくりあげられてきた日本の文化のあり方そのものを否定するようにさえなりました。

そういう時代にあって、自然と文化を分離して、人間だけの思考や人為的プログラムだけでつくられる新しい世界に根強く抵抗しながら、みごとな創造をおこなった芸術家や哲学者がいます。夏目漱石や柳田國男や西田幾多郎といった人たちがその代表ですが、今日でもなお高い価値をもった思索を残したと言えるのは、近代においてはじつはこの人たちだけなのです。

その人たちに、ぜひデスコラ氏の仕事を知ってもらいたかったと、私は心の底から思うのです。「自然と文化の大分割」に基礎づけられた文明のまっただなかでなしとげられたデスコラ氏の仕事は、日本文化が今日の世界のなかでも、また未来の世界においても、けっして孤立していないことを教えてくれます。みなさんはもう、私がなぜ今回のデスコラ氏の受賞を我がことのようにうれしく思っているのか、その理由をすっかりおわかりになったことと思います。

*

それにしても「自然」とはなんなのでしょう。ギリシャ語にはphysisということばがあり、ラテン語にはnaturaということばがあります。いずれも「存在や事物の本性」と言った意味をもち、同時に「実体をもった自然」の意味ももっていて、おもに後者の意味から近代科学における「自然」の用法が発達しています。これにたいして、日本語の「自然（しぜん、じねん）」という言葉に含まれる意味の重層性には、印欧語の場合とは異なる歴史が刻み込まれています。

日本語にはもともと「自然」という言葉はありませんでした。それは中国語に訳された仏教のテキストから日本語に入ってきた言葉です。ところが面白いことに、中国語訳仏典のもとになったインドの仏典には、「自然」という言葉はほとんどまったく使われることがないのです。インドにおける仏教では、「自然」という概念を使うことはむしろ禁じられていました。それを使うときには、「自然外道」と呼ばれたヒンドゥ哲学を批判する場合に限られていました。

仏教はこの世界のなりたちを「縁（relation）」としてとらえます。存在しているものも非存在のものも、すべては縁によってつながり関係しあっているから、そこには実体がない、という仏教の考えからすると、人間の外にある自然を、「自然」という自立的な実体として認めてしまうことは許されないことでした。「自然」に相当する言葉は副詞のsvayam（スワヤン）で、これは縁という関係性のネットワークのなかから「自発的に」生起してくる存在をさしています。しかしこの言葉を、自身で存在することのできる自立的実体として思考してはならない、というのがインド仏教の考えです。

ところが中国人の翻訳者は、この「自発的に」をどうしても「自然」という名詞形を使って訳さないではいられませんでした。中国の土着的な思考の潜在的体系である「道教」では、「自然」と言えば、「天然自然」というように人間の外に客観的に存在する自然と、概念作用によらない「自由な状態にある心」という二つの意味を含んでいました。この二系列の「自然」は、どちらも「無為」という共通の特徴をもっています。

人工の加わらない外的自然は、自分に内在する法則にしたがって変化していく「自然史過程」によっていますから、人為に汚染されない「無為自然」の状態にあります。これにたいして概念の働きを放棄した「無為の心」で世界を見ると、そこにも思考によって歪められていない自由な状態にある世界の姿が映っています。ですから「自然」という言葉は、客観的な「外的自然」と「脳内に実現された自然状態」との両方をさしていることになります。

中国の仏教思想家たちは「自然」という言葉を、これ以後平然と使用するようになります。それはインド仏教からすればあきらかな逸脱ですが、中国人の思想的伝統からすれば、それこそごく「自然な」変換です。この変換によって、「外的自然」と「脳内自然」という二系列の「自然」を、同一のスキームのなかで思考することが可能になります。日本人は中国仏教によってこういう形に創造的に変形された「自然」の概念を受け取り、自分たちの思考を表現する便利な道具として、これを存分に利用してきました。

そんなわけですから、じつに千年以上ものあいだ、「自然」という言葉の使用は、この国でさしたる問題をひき起こすこともありませんでした。この言葉は自然環境と心的過程の両方を表現できる能力をもつものとして、日本人によってほとんど無自覚的に使用されてきました。問題が起こったのは、十九世紀のことです。そのとき日本文化ははじめて本格的に西欧文明と向かい合うことになりました。日本文化がそのとき出会った西欧は産業革命にわきたつ西欧であり、そこでは「自然と文化の大分割」という原理が、科学技術と一体になって、新しい強力な意味作用を発揮していました。その影響力たるや絶大であり、それまで仏教思想などが築き上げてきた知的達成なども、しばらくは顧みられることもなくなってしまうほどでした。

江戸時代には、「自然」と「文化」の相互貫入を表現することが文学の使命と考えられていました。そこで、「古池や　かわずとびこむ　水の音」のような俳句がつくられました。この俳句には池の水や蛙のような自然の存在者とともに、感覚器官を開いて外の自然を感受している人間の脳があらわれ、「ぽちゃり」という音が、二つの自然系列の間に交通を発生させます。この音が脳内の「自然状態」を誘発するのです。するとそこには、「外的自然」と「脳内自然」との共鳴が発生し、二つの自然系列を結ぶ「大いなる自然」というスキームが浮かび上がってくるのです。ここで言われている

「自然」というのが、じつは日本人にとっての「神」だったのです。

西欧文明のもたらした「自然と文化の大分割」は、このような偉大な文学をも、一時期は「前近代の産物」として否定してしまいかねない勢いでした。明治の新文学の世界は、「自然主義」文学と「心理主義」文学への分裂を起こしましたが、そこにもこの分離原則が大きな影響を与えておりました。

＊＊

そのような時代にあって、西欧的な自然科学を深く理解しながら、近代の「自然」概念の構造そのものにまっこうから挑戦を挑んだ、一人の強力な知性がおりました。南方熊楠その人です。日本人にはよく知られた、しかし世界にはまだ知られていないこの人類学者についてお話しすることは、「自然の人類学」という主題について語りあう今日の機会には、まさにふさわしいものでありましょう。

南方熊楠は存在じたいが、デスコラ氏の人類学の登場人物のようであります。なにしろその固有名そのものが「トーテミズム」の主体をあらわし（熊は森の王であり、楠は植物の王です）、植物の領域と一体化できる能力を持つ「アニミズム」の主体であり、近代の「ナチュラリズム」をラジカルに実践する生物学者であり、神話の構造分析に長けた「アナロジズム」の思考者でした。

この南方熊楠こそが、日本にはじめて「エコロジー」という言葉を紹介した人物であり、日本においてはじめて自らエコロジー運動を実践した人物です（それで投獄までされています）。博物学者（naturalist）として大英博物館に勤務し、そこで神話学、考古学、仏教学、民俗学などの研究で知られました。帰国後は和歌山の山中にこもって粘菌（slime molds）の研究に没頭しますが、その最中に今日の水準から見てもきわめて重大な意義をもつ、哲学的な探究をおこないました。熊楠はそこで「自然」概念の新しい構造を「発見」したのです。

彼は脳の活動そのものを「自然」のなかに包摂しています。「自然」が脳内過程をとおして、感情や思考を生み出していると考えます。しかしその脳内過程には、大きく二つの系列に分けることができます。いっぽうは事物を分離し、通常のアリストテレス型論理を用いてそれらの事物を「因果関係」によって結合することで、世界の事象を「理解」しようとする思考です。南方熊楠は当時の西欧で発達しつつあった自然科学が、もっぱらこの分離と因果関係にもとづく体系としてつくられていることに、強い違和感をいだいていました。

なぜなら仏教についての深い理解を持っていた彼には、脳内活動にはもうひとつのレヴェル、すなわち「自然状態にある知性」という潜在的な能力が組み込まれてあり、その能力を発揮するとき、自然科学とは異なる世界の真実相があらわれてくると思われたからです。この「自然状態にある知性」は、物事を分離するのではなく、現実のなかで分離されているように見える事物のあいだに、隠されたつながりがあるのを発見します。事物はリアル（現実化されたもの）とヴァーチャル（潜在的な状態にあるもの）という、二つの異なる相の間を行き来しており、表面では分離されてあるものも潜在的な相ではつながっているのです。

しかもリアルとヴァーチャルの二つの相を行ったり来たりしながら、世界の事物は全体としてつながりあい、ある局所的な場所の起こった事象の情報は、仏教思想が「インドラの網（Indra's Net）」として描いた超高速情報網をつうじて、世界の全域に広がっていき、そこに変化と共鳴をつくりだしていきます。「自然状態にある知性」には、世界がひとつの全体として変化していく様子が理解されるようになります。どこにも中心はなく、あらゆるものが「対称性」の関係を保ちながら運動を続けています。これを南方熊楠は「マンダラ」と呼んで、因果律に拘束されている自然科学の思考法に対置させました。

しかし脳内に実現されているこの「自然状態」は、脳の外の「客観的な自然」のなかにも実在しているに違いない、というのが熊楠の信念でした。「客観的な自然」について、自然科学はそこに分離と因果関係の論理を押し当てて、合理性一点張りの説明をしようとしているけれども、「客観的な自然」じたいは脳内に実現されている「自然状態」と同じような全体性と対称性を原理として、変化しているのではないか。「自然」のなかにもうひとつの「自然」を開く、このような原理を体現している生物が、地球上のどこかに存在しているにちがいない。ゲーテの「原-植物（Ur-plant）」にあたるそのような生物を、彼は探そうとしました。

そしてとうとう粘菌のなかに、南方熊楠はそのような「原-生物」を見いだしたのです。粘菌はいつもは動物のようにアメーバ状の運動をしながら捕食して動き回ります。しかし生存環境が悪くなると、植物となって動かなくなり、胞子をだして繁殖します。この生物にあっては、植物と動物の分離は不可能で、二つの様態を行ったり来たりし、生と死の分離も不可能で、生と死のあいだを行ったり来たりしています。

「客観的な自然」もその奥では、粘菌と同じような「対称性」の生存をおこなっているのではないか。自然科学が「自然」と呼んでいるものの奥には、それと双対（dual）な関係にある「もうひとつの自然」が隠されているのではないか。そしてそれを仲立ちとして、脳内活動と外的自然はひとつにつながり合っているのではないか。二十世紀の初め頃、南方熊楠は熊野の山中で、このような思考を孤独に繰り広げていました。ここにはデスコラ氏がかつてレヴィ＝ストロース氏に問いかけ、軽くいなされたという質問、「構造論的方法の本性（自然）とその方法の適用相手の構造的本性自身のコレスポンダンス（une correspondence entre la nature de la méthode structurale et la nature ell-même structurale de l'objet)」にたいする、解答の一つがしめされているかも知れません。

日本民俗学の創始者である柳田國男は、南方熊楠のことを「日本人の可能性の極限」と呼びましたが、哲学の領域で彼のおこなった創造は、「自然と文化の向こう側（Par-delà nature et culture）」に超出していこうとする、日本文化の特性を最高度に生かしきることによって生まれたものです。

日本文化は「自然」を双対としてとらえてきました。いっぽうには、「文化」や「人為」に対立する「自然」があり、もういっぽうに「自然の奥にあるもうひとつの自然」であり、後者の「自然」は人間の脳内活動をとおして出現します。そしてこの双対である二つの「自然」が、「文化」に相即相入する状態を、生活と芸術の形に実現しようとしてきました。

ここから生み出されたのが「庭」です。前者の「自然」の概念からは、もっぱら農民たちによって「里山」という生産の場所でもある「庭」がつくりだされてきました。後者の「自然の奥にあるもうひとつの自然」からは、非農業民である職人によって、高度な芸術品であり哲学の表現でもある非生産的な山水空間としての「庭」が創造されました。農民の「庭」も非農業民の「庭」も、それぞれのやり方で「自然」と「文化」の相即相入するハイブリッドとしての構造では、共通しています。

四十年近くも前、数回にわたって日本を訪れたレヴィ＝ストロース氏は、このような日本文化の特性にふれて、現代文明と神話思考のたぐいまれな結合が果たされている国という、私たちにはいささかおもはゆい言葉を残されました。私たちはそのときのレヴィ＝ストロース氏の言葉がいまもそしてこれからも真実でありたい、と切に願っています。このような日本人の思想と、デスコラ氏に代表されるフランス人類学の思想とあいだに実りある対話が実現されていくとき、それは混迷のさなかにある今日の人類世界に一筋の光明をもたらしていくにちがいない、と私は信じるものであります。

第五章

海辺の森のバロック

1 「野生の科学（Wild Science）」とは何か

日本サンゴ礁学会が「野生の科学」との接近を求めていると聞いて、この学《サイエンス》の唱道者である私は、たいへん心が沸き立っています。サンゴ礁学会はサンゴ礁を自然科学的に研究するばかりでなく、サンゴ礁と人間の関わりを人類学、考古学、社会学、歴史学、環境科学などさまざまな視点から、研究なさってきました。そのとき、複雑きわまりない、特異な、海辺の生態系であるサンゴ礁と人間の関わりを理解するのに、「野生の科学」がなにかの役に立ちそうだと思いついていただけただけでも、身にあまるしあわせです。

「野生の科学」と命名した試みで、私は自然科学と人間科学をつなぐ真実の環を見つけ出そうとしてきました。「真実の」とわざわざ言い添えますのは、これまでこの二つの学の間に橋が渡されようとするとき、「還元」（自然科学の方法に人間的事象を還元して理解する）によるか、「比喩」（人間的現象の理解に自然科学の概念を比喩として利用する）によるか、いずれにしても二つの異なる学の間にある本質的な違いを無視ないしは軽視して、どちらかいっぽうの側の視点への回収が図られてきたからです。これは本質的に異なる学の間に、対話をなりたたせるやり方としては、たいへんに不適切であり、最近はそれにたいして厳しい批判もおこなわれています。

しかしだからと言って、自然科学と人間科学の間のコミュニケーションが、閉ざされてしまっていいというわけではありません。現代のカテゴリー理論（圏論）の表現を借りますと、自然科学の対象と方法は、人間科学の対象と方法にたいして、一つの別種の「圏《カテゴリー》」をなしています。とうぜん人間科学のそれも、一つの「圏」をつくりなしています。問題は二つの異なる「圏」の間に伝達を可能にする「関手《ファンクター》」を探すことです。

この二つの学は、近代になって二つに分離されたものですが、それ以前は同じ一つの現実を理解するために開発された方法の違いにすぎなかったものが、だんだん拡大されて、とうとうコミュニケーションの途絶にまでいたってしまったものです。ですから二つに分かれてしまったとは言え、いまでも二つの学の間には相互の伝達を可能にする関手が存在するはずなのです。しかし近代科学の出発点がまずかったのか、その関手はいまではすっかり見えなくなっています。そこで、正しい構造をもったそのような関手を見つけ出そうというのが、私が「野生の科学」の試みをはじめたそもそもの動機でした。

その適切な正しい構造をもった「つなぎ手＝関手」のことを、『野生の科学』（講談社）という本のなかでは、「不思議な環」などと呼びました。重要なのは集合内部の仕組みではなく、集合と集合、圏と圏をつなぐ関手を発見することだ、と私は考えましたが、同じような考えがカテゴリー論の中でも主張されていることを知って、私はずいぶん勇気付けられました。

このような関手が存在できると、ごく自然なかたちで、人間領域である文化の内部に、それとは異質ななりたちをした自然領域の諸活動を、組み込むことが可能となります。あるいは逆にして、自然領域に文化領域を、自然なかたちで埋め込むことが可能となります。これは多くの伝統文化が発達させてきたやり方です。そこでは、文化と自然の間に越えることのできない分割を持ち込んだり、自然の側に人間の得意とする線型的論理を押し付けて、無理やり改変してしまうのではなく、異質な構造どうしの間につながりをつくりだす、無理のない相互貫入が実現されてきました。そこでは文化と自然が非連続でありながらつながっている、という状態が実現されるのです。「野生の科学」は現代社会の中で、そのような「野生的な」働きをする、多種多様な関手を発見・発明していこうという試みです。

サンゴ礁ほど、このような試みにふさわしいフィールドもありません。生活圏の中にサンゴ礁を抱えた人間は、他の自然環境に暮らす人間以上に、絶え間ない努力をつうじて自然領域と人間領域の間をつなぐ、正しい適切な構造をもった関手を「発明」してこなければならなかったからです。のちほど詳しくお話ししますように、サンゴ礁の自然環境はおどろくほど豊かで、気が遠くなるほど複雑ななりたちをしています。そういうサンゴ礁の自然環境に、自然なかたちでつながっていける思考の形態は、どのようなかたちをしていなければならないか。これが本日「野生の科学」に解答の求められている問いです。

2　海辺の世界

ところでサンゴ礁が形成される場所は海辺と決まっていますが、この海辺ほど人間の思考を刺激して、自然領域と人間領域をつなぐきわめて動的で複雑な構造をした思考表現を生み出してきた世界はありません。サンゴ礁はその海辺に広がる世界です。そこで今日の話は、まず海辺の世界のことから語り始めてみることにします。

海辺について考えるとき、私はいつもレイチェル・カーソンの『海辺 *The Edge of the Sea*』という本のことを思い出さずにはいられません。この本が書かれたのは、有名な『沈黙の春 *Silent Spring*』（一九六二）よりもずっと以前（一九五五）のことで、彼女がまだ海洋生物学者として研究をおこなっていた頃のことです。彼女はこの本の中で、海辺の世界の全体を、まるで呼吸する一匹の生き物のようにみごとに描き出しています。あるところで彼女はこう書いています。

海辺は古い古い世界である。なぜならば、大地と海が存在するかぎり、つねに海辺は陸と水との出合いの場所であったからである。いまでもそこでは、絶えず生命が創造され、また容赦なく奪い去られている。私は海辺に足を踏み入れるたびに、その美しさに感動する。そして生物どうしが、また生物と環境とが、互いにからみあいつつ生命の綾を織りなしている深遠な意味を、新たに悟るのであった。（レイチェル・カーソン『海辺』平河出版社）

海辺では陸地と海が、たえまなくお互いの領土に入り込んでくる、相互貫入が繰り返されています。波によって水中生物が陸地に打ち上げられてきます。海辺の砂は、波に巻き込まれて海中に沈んでいきます。潮の満ち引きのために、陸地と海の境界はリズミカルに変化していきます。海辺はたえまなく動き変化する境界領域をつくりなし、そこに生きる生物たちは、変化たえまなき海辺の環境に適応した、ハイブリッドな生活形態を編み出しています。

このような海辺は、人間の思考をおおいに刺激してきました。海辺の自然環境を前にして直観したことを、思考のかたちに表現しようとしてきました。そのときじつに興味深いことですが、人間の思考は「自然の圏」のうちに直観したことを、「思考の圏」の中に運び込んで表現するさいに、直観の内容をいったん抽象化したうえで、それを「同じ型（isomorphism）」をした表現の中に運び込もうと試みてきました。

レイチェル・カーソンの文章じたいが、そのような試みの見事な実例となっていますが、ここでは日本列島に住み着いた海洋的民族が、海辺についていだいた神話的思考の実例を、いくつか取り上げてみたいと思います。そうすると、すぐれた知性をもった現代人のとらえた海辺の本質と、古代の人々がとらえていた海辺の本質とが、ほとんど変わらない内容をもっていることに、私たちはあらためて驚くことになります。

最初に取り上げるのは、新潟県糸魚川《いといがわ》市にある寺地《てらち》遺跡で発見された、不思議な配石遺構です。姫《ひめ》川《かわ》が日本海に注ぐ糸魚川の近辺には、縄文人の生活の跡が多数見つかっています。中でもこの寺地遺跡は、「縄文勾玉」の工房のあった場所として有名です。近くにはフォッサマグナの活動の跡も生々しく、山中にはヒスイの原石の取れる川床が広がり、ヒスイの原石は川に押し出されて流されていくうちに、丸みをおびた手頃な大きさとなって、海岸部に出てきます。それを拾い集めて、勾玉に加工する縄文人の工房が、この遺跡の場所にあったのです。

その工房で働く縄文工人たちによって、海辺につくられたのが、このような不思議な形に石を並べたインスタレーションです。このインスタレーションを見た考古学者たちはすぐに、その形がここで製作されていた勾玉の特殊な形態に酷似していることに気がつきました。寺地でつくられた勾玉は、当時の縄文人に大人気でした。

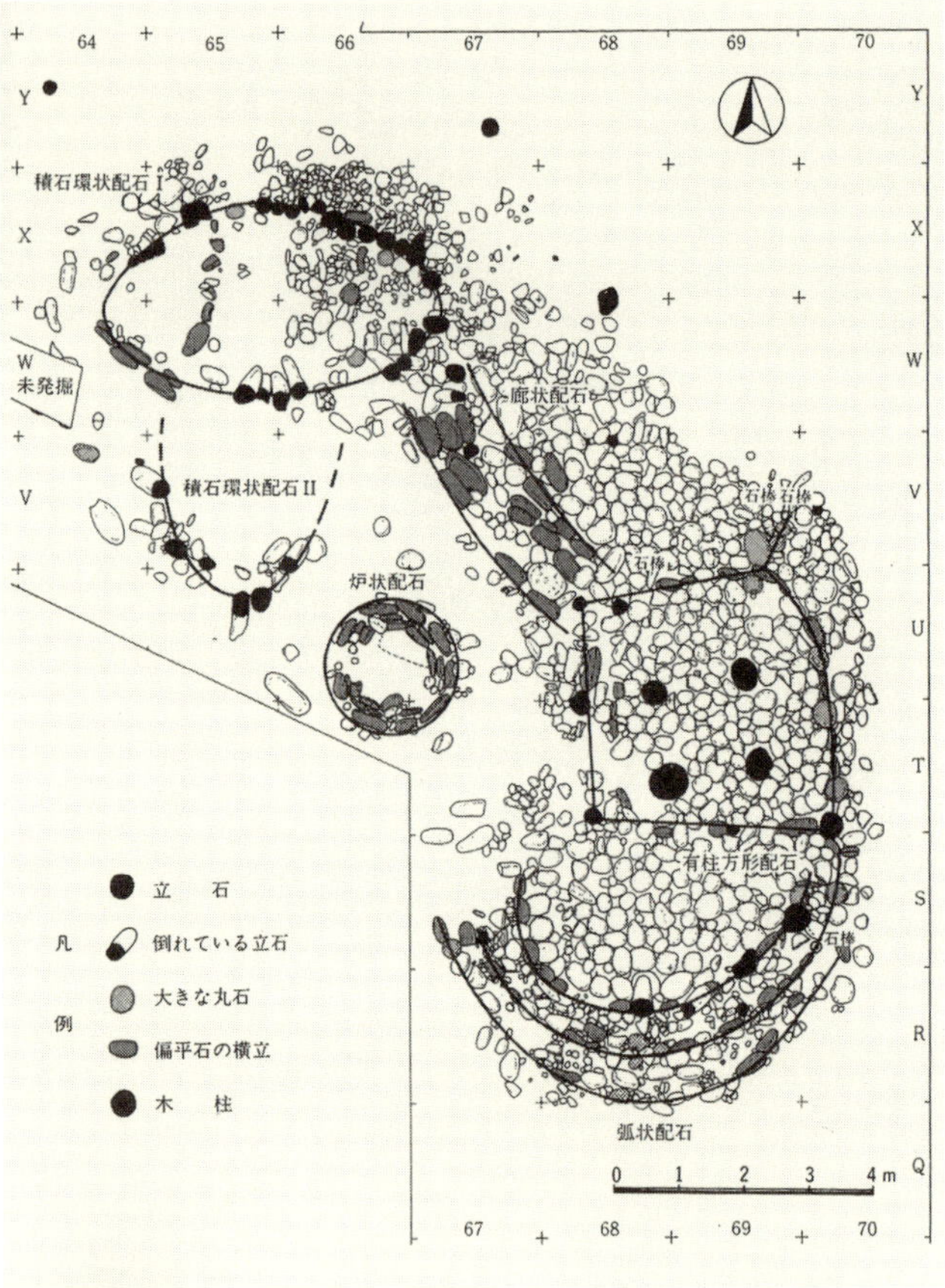

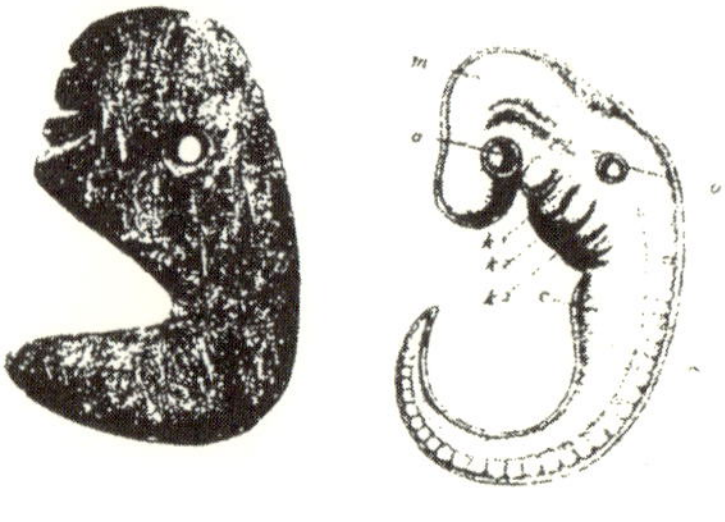

寺地遺跡の配石遺構（上）と
「縄文勾玉と魚期の胎児」（下）
（田中基『縄文のメドゥーサ』
現代書館）

それというのも、勾玉が胎児の形をかたどっていたからです。哺乳動物の胎児は、母体の中で成長するにつれて、どんどんと形態を変化させていきますが、そのうちの「魚期」の段階の胎児の形に似せて、縄文の勾玉はつくられていました。そのため、縄文の勾玉は、弥生時代に流行した丸っこくてなめらかな勾玉と違って、鰓《えら》をしめす切れ込みが入れられています。縄文人はなぜ、このような形をした勾玉を身につけたがったのでしょうか。

羊水のたまった子宮は、さながら女性の体の中にある「海辺」のような場所です。この「海辺」で魚の形をした胎児が、成長していくのです。縄文人たちは、そういう胎児の形を模した勾玉を身につけることで、安心を得ようとしました。自分の実存の根っこは「海辺」にある、と彼らは感じていたのではないでしょうか。

勾玉はいわば象徴的な「海辺」につながる呪物にほかならないのですが、それを製作していた工人たちは、現実の海辺に、この勾玉を巨大にしたインスタレーションをつくり、そこでイニシエーションの儀式をおこなっていたと思われます。石を敷き詰めてこんな巨大な勾玉模型をつくってある祭祀場は、ほかには例がないのですが、よく目をこらしてみると、胎児のお腹のあたりに四本の柱を立てた穴が、見つかります。この柱穴の存在によって、ここでどんな儀式がおこなわれていたか、また工人たちがどうしてそこに、胎児形勾玉のインスタレーションを置こうとしたのか、などの理由が判明してくるのです。

出雲から青森まで、日本海に面した縄文遺跡の中には、直径一メートル近くもある巨木の柱を地面に立てて、お祭りをしていたらしい跡を、いくつも見つけることができます。縄文時代の晩期、海辺に巨大な列柱を立ててお祭りをおこなうというのが、日本海沿岸の縄文人の間では、たいへんなブームになっていたようです。

ここでは縄文晩期の海辺につくり置かれた、そのような木柱列の一例として、能登半島の先端部にある真脇《まわき》遺跡のケースをとりあげてみましょう。真脇の縄文村では、イルカの追い込み漁がさかんにおこなわれていました。ときには数百頭ものイルカを、いちどに入江に追い込んで捕獲したようで、おそらくこのあたりでも有数の海人的文化を誇る村だったと思われます。

ところが縄文晩期から弥生初期にかけて、この地方でも江南から北部九州に到着した稲作の技術を取り入れて、生産と生活の構造を変えていこうとする、「弥生化」の動きが活発になりはじめていました。周辺の村々はつぎつぎに稲作をおこなう弥生型村落に変貌していました。その時代に、真脇の縄文人はあえて縄文型の海の漁にこだわり続けようとしました。「海のもたらす富はこんなにも豊かなのに、どうして海辺に親しんだ暮らしを捨てて、陸地に田んぼを開き、米などをつくらなければならないのか」。

真脇の縄文村に危機が迫っていたそんな時に、縄文人たちは海辺に巨大な木の柱を立てて、新しい祭りをはじめたのです。柱穴の配列から、考古学者たちは祭祀場のレイアウトを再現してみせまし

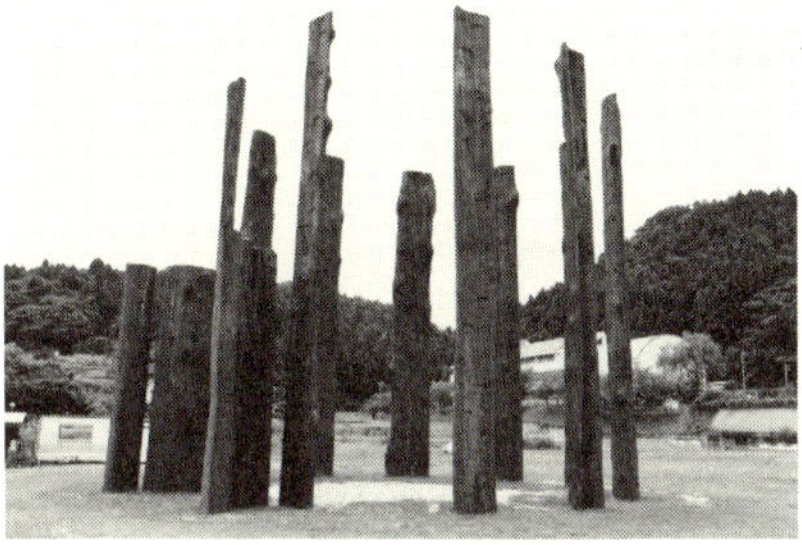

再現された木柱列（左上、筆者撮影）と真脇遺跡遺構配置図
（能登町真脇遺跡縄文館　館長高田秀樹作成）

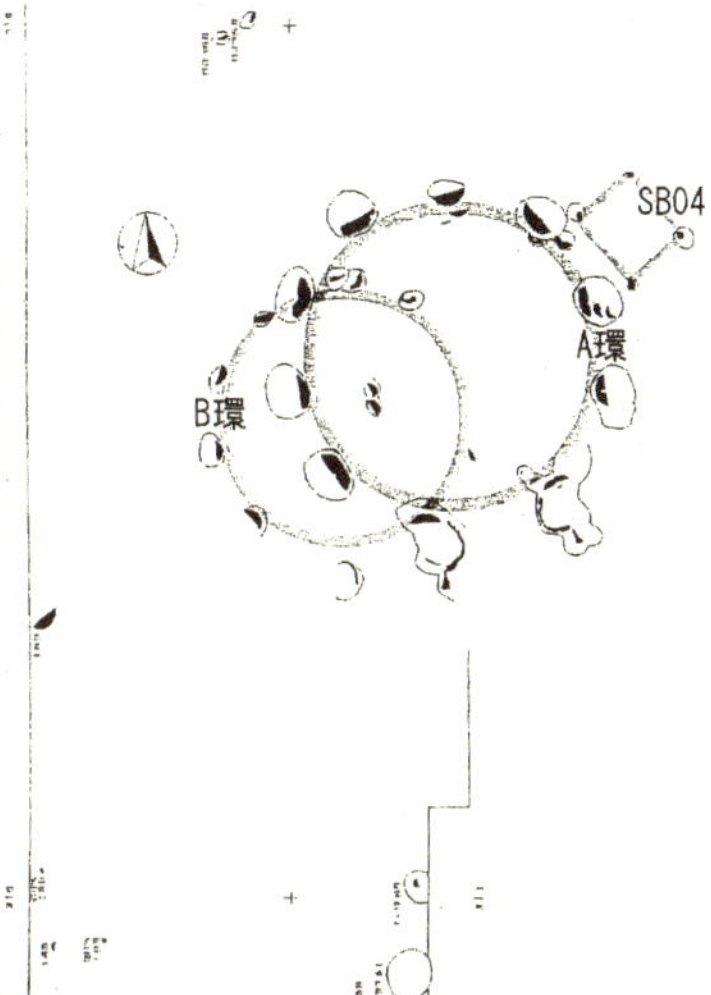
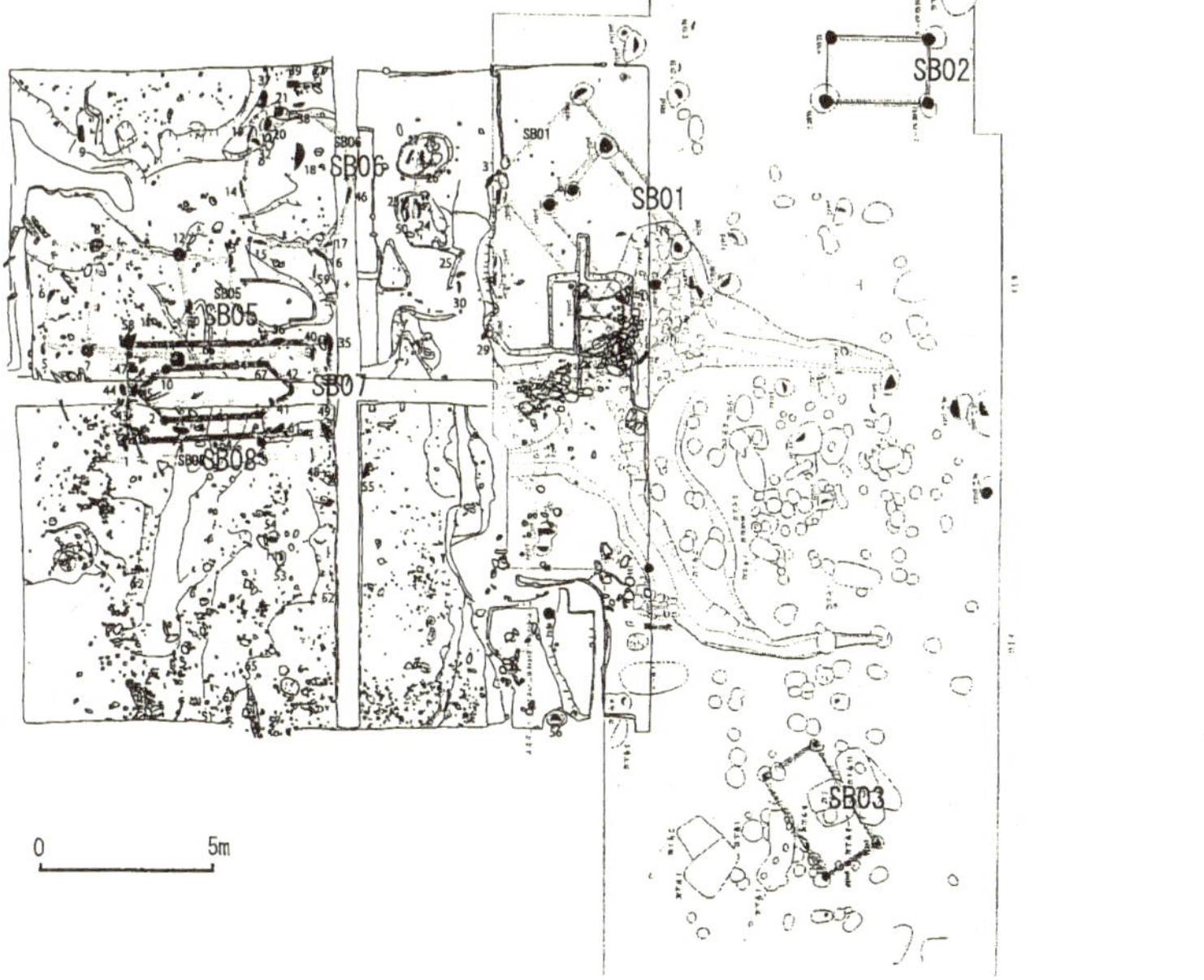

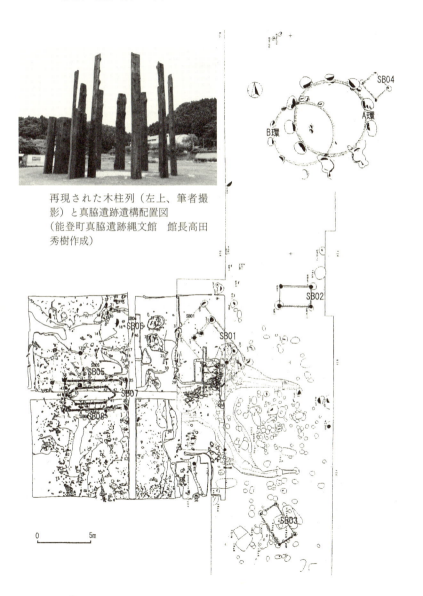

た。慎重な考古学者たちはこの木柱列の構造の意味については、多くを語りません。しかし私は自由な人類学者として、人類の普遍的な思考パターンのデータをもとに、この木柱列は象徴的な「子宮」を表現しようとしたものにちがいないと考えます。

真脇の縄文人はこの装置の中に若者を入れて、イニシエーションの儀式をしていたのだろう、と私は考えています。若者を象徴的な「子宮」の中に戻して、大人（真人間）として生まれ変わらせる。その過程で縄文文化にとって重要な伝統の知識を若者たちに伝える。縄文文化のルネサンスを目指してこの装置はつくられました。ですからこの装置の中に入ると、生から死へ、そしてふたたび死から生へという転換がおこなわれることになります。海辺は生と死が相互貫入をおこす場所だからこそ、このような発想も可能になったのでしょう。

これらは海辺の神話学のほんの一例にすぎませんが、ここからも海辺の自然環境が人間の感覚や認識にもたらすものと、その体験をもとに思考がつくりだすものとの間に、同じ型（isomorphism）の働いているのがわかります。海辺は人間に、「海辺の構造」と同型の表現をつくりだすように誘うのです。古代人や未開人はそれを神話思考を用いて表現し、現代の感受性豊かな自然科学者は、それを概念を用いて表現しますが、そのどちらの表現にも「海辺の構造」が満遍なく滲透しています。

海辺は大昔から人間にとってとても興味をそそる、謎をはらんだ、不思議な空間だったようで、海辺に立つと思考が特別に敏感な活動を始めます。海辺では、感覚がとらえている「自然の圏」が「思考の圏」の中に、ほぼ忠実に情報を運び込んでいます。もちろん「自然」が直接に「思考」の中に入り込んでくるわけではありませんが、感覚のとらえた構造を忠実な関手の働きによって「思考の圏」の内部に運び込み、そこで擬似同型の構造をもつ表現につくりかえるというやり方で、感性と思考が同時に「海辺」の本質をとらえようとしているのです。

こういうことは、陸地の中に戻るとめったにはおこりません。そこではむしろ「思考の圏」によって「自然の圏」が大きく改変されてしまう、という事態がおきています。つまりそこでは「自然の圏」を「思考の圏」の中に運び込む関手が、「思考の圏」のほうの要求にしたがって搬入される情報を歪めてしまうということがおこっています。そのために「思考の圏」と「自然の圏」との間に大きな乖離《かいり》が発生し、そのうちそれは二つのカテゴリーの分離をもたらすようにさえなってしまいます。

海辺に立った時、人間の心は複雑にゆらぎ始めます。心の中で作動を続ける関手の内部構造が変化をおこすからです。関手は感覚のもたらすデータに忠実に働き、「思考の圏」の内部に複雑で豊かな海辺のもたらす情報の構造を、そっくりそのまま運び込むように変化をおこすのです。それによって、海辺に立った人間は、豊穣な感覚と感動をおぼえることになります。まるで自分が自然と一体になったように感じるのですが、じっさいにそのとき起こっているのは、「思考の圏」と「自然の圏」とが同じ型に近づいている現象にほかなりません。

私の考える「野生の科学」は、「思考の圏」を「自然の圏」と同型（擬似同型）に変形していくことによって、科学的思考に柔軟性と力強さを回復していくことをめざしています。その意味では、海辺の世界は「野生の科学」にとっても、とても重要な場所に位置づけられます。

3　海中の森

そのような海辺にサンゴ礁はあります。ただでさえ豊かな海辺の世界に、さらにそこを複雑に、豊かにするサンゴ礁がつくられます。『海辺』の中でレイチェル・カーソンも、海辺の中のもっとも豊かな環境として、サンゴ礁の豊穣さをつぎのように描いています。

サンゴ礁自体について言えば、無数の生物――動物も植物も生きているものも死んだものも――が、その形成に参加している。いろいろな種類のサンゴが石灰質の小さなカップをもち、それを使って多種多様な不思議な美しさをもつ形をつくり、サンゴ礁の基礎になるのだ。しかし、サンゴのほかにも建築家はいて、サンゴ礁のあらゆるすき間には、かれらの殻や石灰質の管が詰まっていたり、非常に多様な起源をもつ石を固めたものが入っていたりする。……それらの生物たちはつくり出すものもあれば、破壊するものもある。硬カイメンのあるものは石灰質の岩を溶かす性質があり……このサンゴ礁の複雑な複合体の基礎となるものは、サンゴのポリプという、信じられないほど簡単な外見をした小さな生物である。サンゴは、イソギンチャクと分類学的には同じ系統に属している。……イソギンチャクとの重要な違いは、――まさにこの違いのためにサンゴ礁が存在するのであるが――つぎのようなことである。つまり、サンゴのポリプは石灰質を分泌し、体の周囲に硬いカップをつくることができる。（レイチェル・カーソン、同書）

サンゴは動物であるポリプの軟体部と、このポリプが分泌する石灰質でできた硬い骨格部からなる生物で、イソギンチャクなどと同じ動物です。サンゴが殻や骨格を堆積して、波にあたっても壊れない構造体をつくるようになると、サンゴ礁ができます。海辺は浅い海中にサンゴ礁がつくられるようになると、そのとたんに海の中の「森」に変貌します。ただでさえ海辺は複雑で可塑性のきわめて高い場所を形成しているのですが、そこにサンゴ礁の「森」がつくられると、いっそうその複雑さ、多様性、可塑性、重層性、全体としてのつながり、などの度合いを深めます。

サンゴ礁ではじつに多様な生物が共存しています。そもそもサンゴ自体がポリプをつなぐ共肉の表面に、褐虫藻という光合成をおこなう別の生物を住まわせることによって、有機物生産を支えてもらっています。このほかにも石灰藻、海藻、海草、植物プランクトンのほか、窒素固定をおこなう藍藻

（シアノバクテリア）など、たくさんの生物群集が有機物の生産を担っています。そのサンゴ礁に動物プランクトン、魚介類、微生物などマクロからミクロにわたる生物が住んで、全体として複雑きわまりない食物網（フードウェブ）を形成しています。（日本サンゴ礁学会編『サンゴ礁学――未知なる世界への招待』東海大学出版会）

「野生の科学」の考えからすると、サンゴ礁という存在を理解するために、「自然の圏」と「思考の圏」をつなぐ、いままでに存在しなかった新しいタイプの関手が創造されなければなりません。その関手は、海辺をめぐる象徴思考の関手よりも、もっと複雑な構造をしているはずです。そうでなければ、思考の中に正しく自然の情報が運び込まれないことになってしまうからです。

象徴的「関手」は、言語の構造に深く関わっています。言語はカテゴリーを分離する能力に優れていて、「自然の圏」では連続している感覚情報を、非連続な単位に切り分けて「思考の圏」に運び込む働きをします。象徴的「関手」はそうやって言語が分離した単位どうしの間に「類似性」を見つけて、つなぎ合わせたり重ね合わすことによって、新しい意味を発生させるのです。

ところがサンゴ礁の生命現象は、そのような「拡張された言語」である象徴ですら、把握しきれない全体性、複雑性をそなえています。サンゴ礁は海中の「森」と呼ばれることがありますが、そもそも陸上の「森」にしても、そこでおこっている自然サイクルの全体性をとらえようとすると、象徴的「関手」の手には負えません。陸と海の「森」にたいしては、象徴的「関手」を超えた新しい「関手」

を生み出さなければなりません。

4　海辺の森の南方熊楠

このような「関手」を見つけ出す手立てとして、私はかつて南方熊楠が生命界の内部にはりめぐらされた情報連絡網を抽象化して描くときに着想した、「華厳モデル」に着目してみたいと思います。熊楠自身が別にそう呼んでいるわけではないのですが、その思考の背景になっているものを考えたとき、「華厳モデル」と呼ぶのがふさわしいと、私は見ています。

南方熊楠は中年の頃は、南紀の那智の森で、多くの生物学的な発見や研究をおこなっていますが、晩年は住んでいた田辺の町の湾内に浮かぶ「神島《かしま》」という小さな島に、格別の関心を寄せていました。若い日の昭和天皇が紀州に行幸なさって熊楠のご進講を受けられたときも、熊楠は神島に天皇をお迎えして、轡珠《わんじゅ》や隠花植物などについての説明をおこなっています。じつはこの島こそ、南方熊楠とサンゴ礁学会をつなぐ重要な存在なのです。

この神島は熊楠によって守られた島、と言っても過言ではありません。神島には弁天社という小さなお社が漁民たちによってお祀りされていたのですが、例の神社合祀令のときこの弁天社も別の大きな神社に合祀されることになり、さっそく行政が島の植物の伐採にとりかかろうとしました。切り出した森林を売って、小学校の改築にあてようとしたのです。

伐採がはじまってしまったことを、漁民の通報によって知った熊楠は立ち上がり、村長をはじめとする有力者に働きかけて村議会の議決を得て、伐採を中止させることに成功しました。そのとき神島の彎珠の衰退を目にした熊楠は、今度は知事に働きかけて、この島を保安林に指定させることができました。そのため、昭和天皇がこの島に上陸した（一九二九）頃には、神島には豊かな植物相が回復していました。

田辺湾の漁民が、神島の森林伐採に猛反対したのは、その島がとりわけ豊かな「魚つき林」であったからです。海辺の森には魚がよく寄ってくる。そのことをそのあたりの漁師は「魚は緑が好きやから」と言って、海岸線に生えた森を残そうとしました。後藤伸さんという田辺に住んだ生物学者の書いた本には、こんなことが書いてあります。

なぜ魚が海岸の森につくのか。僕の子供のころ、やっぱりおやじがこんなことを言いました。なんと「魚は緑が好きや」と言うのです。「魚は緑色が好きやから、山に緑を残しといたら魚がそばに寄ってくる」と。だから漁業を続けるには海岸に木を残す、これが大事なことやと。おそらく、昔から言い伝えられてきたことだと思います。海岸に緑の森を残しておいたら、そしたら漁業はいつまでもできる。漁師のために言われていることです。（後藤伸ほか『熊楠の森――神島』農山漁村文化協会）

海岸の「魚つき林」は、農民にとっても貴重でした。海岸線に生えた森林の内側を開いて、農民は水田をつくりました。森があると潮風が防げますし、土の乾燥をほどほどに抑えてくれます。土砂の流出も防いでくれて、樹木に住む鳥たちが害虫も食べてくれます。このように農民にも海岸の森林が大切だったため、南紀あたりでは農民と漁師がいっしょになって、森を守ろうとしました。神社合祀に反対する南方熊楠の活動は、そういう漁師や農民たちの古くからの「知恵」にも支えられていました。

「魚は緑が好き」という庶民の知恵は、現代の生物学によっても、つぎのような自然サイクルとして、その合理性が説明されています。

1　森には大量な落ち葉があり、腐葉土など多くの土がある。そこに雨水のほか、農地・生活圏からの栄養分を含む水も流れ込み、森の土が一度ため込む。そして、適度な栄養分と一定の分量に調節して水を海に流す。

2　すると磯の海中に、植物プランクトンや海藻などの海の植物が育つ。
3　海の植物を食べる小さな動物性プランクトンが大量に育つ。
4　ここに沖合から魚が産卵にくる。季節によって、魚がごく浅いところにたくさんやってくる。たとえば、産卵の時期になると、岩礁のすき間の水路にグレ（メジナ）がたくさん集まってくる。
5　そして、ここで生まれた無数の小魚はプランクトンを食べて大きくなる。大きくなったあと沖合へ行って成魚になる。（後藤伸ほか、同書）

海岸線にできる「魚つき林」が形成している自然サイクルは、さきほどお話ししたサンゴ礁につくられるサステナブルな自然サイクルと、きわめてよく似た仕組みであることがわかります。じっさいサンゴ礁の生成過程を考えてみれば、サンゴの「森」が一種の「魚つき林」として成長してきたものであることがわかります。

サンゴ礁は海底火山の活動によって隆起した火山島のまわりに、サンゴが生育しはじめることから、その成長がはじまります。サンゴ礁が大きくなってくると、サンゴや他の微生物などの死骸が堆積して、豊かな栄養分を含む海水域ができ、そこに多くのプランクトンが集まります。するとそれを食べる魚が集まってきて、サンゴ礁は彼らの産卵場所ともなります。サンゴの本体であるポリプは、こうした生物のおかげで繁殖を続け、サンゴ礁はさらに大きくなっていくことができます。

そんなわけで私は、田辺湾へ出かけて、南方熊楠が必死で守った神島を見るたびに、これは海上に隆起した「陸のサンゴ礁」ではあるまいか、という幻想にとらわれるのです。いや、それはたんなる幻想ではありません。南方熊楠は那智の森に隠棲していた頃、粘菌のような「レンマ構造」をもった生命活動を土台として、現実の複雑な自然サイクルがつくりあげられてくる過程のすべてを律している、曼荼羅構造をもった仮想体を着想しました。その仮想体は、現実の自然サイクルが生み出されてくるときのソフトウェアとなるもので、私は思想の類似性から、それを「森のバロック」と呼んだのでした。

漁師と農民と自然がいっしょになってつくった「魚つき林」は、この仮想体が現実世界にあらわれてきたときの、一つの姿をあらわしています。そしてなによりも、私たちのサンゴ礁こそ、さらに複雑な「海中の森」として、火山性の海に現実化された熊楠的曼荼羅にほかなりません。そしてその構造を深く探っていくとき、私たちが探している「来るべき関手」の姿が、浮かび上がってくるでしょう。

5　サンゴ礁の華厳モデル

近代の自然科学のかかえる方法的な限界は、それがヨーロッパ伝統の「ロゴス」の論理にしばられているからだ、という認識をもっていた南方熊楠は、ロゴス的科学を拡張するものとして、仏教の「レンマ」の論理による学問の創造を構想していました。仏教のレンマ的論理では、ロゴス論理を基礎付ける①同一律②矛盾律ばかりでなく、矛盾対立しているものを互いに排除する③排中律までが取り除かれ、それによって因果関係は縁起の関係におきかえられることになります。

その結果、相即相入ということが、あらゆるレベルで起るようになります。個物は個物のままなのですが、その個物が個物性を超えて全体性につながり、個物がすべての他の個物と相即して、相入するようになります。南方熊楠は生命の世界がこのような相即相入する全体性にしたがうとき、安定した自然サイクルを形成するようになると考え、独自の「エコロジー」思想の基礎としました。そしてかつての那智の森や神島の森に実現されている、秩序をもった動的多様性の背後に、現実世界にあらわれた曼荼羅モデル（華厳モデル）を見ていました。

ユカタハタ（左）とキンギョハナダイ　サンゴ礁は小魚のパラダイス（沖縄県西表島）

写真：中村征夫

エダサンゴ（トゲスギミドリイシ）の産卵（沖縄県竹富島）

トゲトサカの仲間（沖縄県座間味島）

サンゴ礁に身を寄せるデバスズメダイ（沖縄県座間味島）

事物の間に相即相入が起るためには、事物がそれ自身「レンマ構造」をしている必要があります。そうでないと、排中律によって、違う事物どうしは相即しなくなるからです。ところが森のつくる生物は、すべてが個物性を持ちながら、相即することによって情報とエネルギーを連絡・交換しあい、その連絡網は森の全体におよんでいく状態を、自然サイクルとして実現しています。生物がそれぞれの生命現象の奥に、レンマ的な構造を内蔵しているのでないかぎり、このような全体性は形成されえません。南方熊楠はこのようなすべての生命現象の奥にセットされたレンマ構造を、むきだしの形に可視化している生物として、粘菌に注目したのです。

ロゴスから排中律を取り除いたレンマ構造は、生命現象の「量子」のようなものです。この量子から生命現象がつくられ、ついには全体性の網である森を形成する。物質に関しては（熊楠はこれを「事不思議」と呼びました）、量子力学がその過程を「あらかたあきらかにする」のに成功しましたが、生命と心に関しての「量子力学」はいまだ生まれていません。しかし将来そういう理論がつくられるとき、それがいま私が南方熊楠にならって想い描いている「華厳モデル」に近いものであろうということは、いまから確信をもって予言することができます。

私たちは、陸上の森をしのぐ複雑さと豊かさをそなえた、サンゴ礁でおこっている生命過程をとらえることのできる、新しい「関手」を求めています。そのためには、サンゴ礁で観察される現象を「自然の圏」として、それを形を崩さないで「思考の圏」の中に運び込むことのできる、象徴型の

「関手」よりもさらに一層複雑なありたちをもつ、華厳型の「関手」を表現してみる必要があります。中国華厳学の澄観《ちょうかん》（七三八～八三九）は、レンマ構造を根底にそなえ全体性として動いているこのような実体を「法界《ほっかい》」と呼んで、それがつぎのような四つの様態を持つとしました。

1　個物の世界としての法界。この場合には界は「何か隔絶し、分離する」働きを内蔵するものを意味する。このような界はロゴスによってあますところなく表現することができる。

2　一心または一界の顕現としての法界。ロゴスの根源的な意味は、このようなものである。

3　すべての個物的存在が根源的な一心と相即する場としての法界。これはレンマの論理でなければ把握することができない。

4　この個物それぞれがすべての他の個物の一々と相即し、お互いの間にあるあらゆる分割線もなくなる法界。

このうち四番目の法界の様態こそが、華厳経に独自の法界の描き方だとされています。

この華厳モデルを数学化するのは、簡単ではありません。言語の線形性をもってしては、水が指の間からこぼれていくように、豊かな情報の大半が表現から消えてしまいます。可換性もほとんどの場合なりたちません。非可換性と非線型性が細部にいたるまでゆきわたった空間ですから、華厳モデルの数学化にはまだ相当な時間がかかりそうです。

しかし未来のサンゴ礁学は、他の科学分野に先駆けて、このような華厳モデルによって、サンゴ礁にくりひろげられる生命世界の姿を理解し、表現していくようになるでしょう。サンゴ礁じたいがそのような成り立ちをしているからです。サンゴ礁の生命世界に深く親しんでいらっしゃる皆様方は、じっさいにはこのような華厳モデルによって、その世界を直観的に把握し、その直観にしたがって、サンゴ礁の生物を繊細な手つきで（関手で！）扱われております。その繊細な直観と手つきが、科学的方法の内部に取り入れられていくとき、人類の知的能力には確実に、新しい次元がもたらされていくことでしょう。

あとがき

本書はここ数年の間に、南方熊楠に関しておこなった五つの講演を中心に構成されている。『森のバロック』を発表してからすでに二十年以上がたつが、その間も私の念頭から南方熊楠のことが去ることはなかった。

私の中でますます重要性を増していったのは、南方熊楠の思想的創造に大きな寄与をなした、生きた哲学的概念としての粘菌と、その粘菌と概念として同一構造を持つレンマの法則、そしてそのレンマの法則に基づいて巨大な宇宙を構築した華厳経の存在であった。本書で私は、その粘菌、華厳経、レンマという三つの視点から、南方熊楠の思想をあらためて問い直す試みをおこなった。

この本をつくる作業を始めた頃、私は第二十六回南方熊楠賞の受賞の知らせを受けた。心底うれしかった。そこで私はそのとき、以下のような「受賞の言葉」を田辺市に送った。偽らざる心境が、そこには吐露されている。

「南方熊楠」という名前を初めて知ったのは中学生の時でした。父親の書庫で中山太郎の『学界偉人　南方熊楠』という本を読んで、私は驚愕しました。『ほら吹き男爵の冒険』のような（この本は少年時代の私の愛読書でした）痛快な冒険譚もさることながら、日本男児が徒手空拳、当時の世界最高の知性界を向こうに回して一歩も引くことなく、高級きわまりない知的遊戯で圧倒しさっていく、その颯爽たる雄姿に、少年の私はすっかり心を奪われたのです。こんな日本人がいたのだ。こんな人に自分もなりたい。

それ以来、南方熊楠は私の最高のヒーローとなりました。私が人類学を学び、神話の研究に打ち込んだのは、南方熊楠の『十二支考』や『燕石考』を読んで感動したからです。私が生物学を学ぼうとしたのも、南方熊楠が偉大な粘菌学者であったからです。私がチベットにまででかけて仏教を学んだのは、南方熊楠が自分もそうしてみたいと書いていたからです。私が西洋の学問を盲信しなかったのは、南方熊楠の精神に忠実であろうとしたからです。

そういう私ですから、自分に南方熊楠の名前を冠した賞が与えられると知った時の喜びは、筆舌に尽くせないものでした。

序にも述べたように、私は南方熊楠が夢見た「レンマによる科学」の創造を、自分の人生の目標としている。本書はその目標にむけての確実な一歩を画すものとなった。

講演記録をまとめ、図版を作成する手伝いをしてくれた明治大学野生の科学研究所の野沢なつみと石川典子、編集をおこなってくれた講談社学芸部の園部雅一の諸氏に、心よりの感謝を伝えたい。

二〇一六年四月九日

中沢新一

引用・参考文献一覧

・『国訳一切経　印度撰述部・華厳部』(一〜四) 衛藤即応訳、大東出版社、一九二九〜一九三一(伊藤瑞叡校訂、改訂一九八一)
・『般若心経・金剛般若経』中村元・紀野一義訳註、岩波書店、一九六〇
・『南方熊楠　土宜法竜　往復書簡』飯倉照平・長谷川興蔵編、八坂書房、一九九〇
・南方熊楠『十二支考』(一・二・三) 飯倉照平校訂、平凡社、一九七二〜七三
・『南方二書　原本翻刻——松村任三宛南方熊楠原書簡』南方熊楠顕彰会学術部編、南方熊楠顕彰会、二〇〇六
・南方熊楠『森の思想　新装版』中沢新一編、河出書房新社、二〇一五
・南方熊楠「睡眠中に霊魂抜け出づとの迷信」『人類学雑誌』、一九一一
・南方熊楠「南紀特有の人名——楠の字をつける風習について」『民族と歴史』、一九二〇
・Jacques Aubert, Jacques Lacan, et al., *Joyce avec Lacan*, Navarin, 1987
・井筒俊彦『意識と本質——精神的東洋を索めて』岩波書店、一九九一
・伊藤堅吉『富士の性典』富士博物館、一九六四
・伊藤堅吉『路傍の性像——セクシー道祖神巡礼』図譜新社、一九六五
・レイチェル・カーソン『沈黙の春』青樹簗一訳、新潮社、一九七四

・レイチェル・カーソン『海辺――生命のふるさと』上遠恵子訳、平河出版社、一九八七
・フェリックス・ガタリ『三つのエコロジー』杉村昌昭訳、平凡社、二〇〇八
・唐澤太輔『南方熊楠の見た夢』勉誠出版、二〇一四
・後藤伸、玉井済夫、中瀬喜陽『熊楠の森――神島』農山漁村文化協会、二〇一一
・ジェイムズ・ジョイス『フィネガン徹夜祭』鈴木幸夫・野中涼・紺野耕一・藤井かよ・永坂田津子・柳瀬尚紀訳、都市出版社、一九七一
・ジェイムズ・ジョイス『フィネガンズ・ウェイクⅠ・Ⅱ』柳瀬尚紀訳、河出書房新社、一九九一
・末綱恕一『華厳経の世界』春秋社、一九五七
・田中基『縄文のメドゥーサ――土器図像と神話文脈』現代書館、二〇〇六
・田丸徳善他編『日本人の宗教（3） 近代との邂逅』佼成出版社、一九七三
・シュテファン・ツヴァイク『人類の星の時間』片山敏彦訳、みすず書房、一九九六
・ジル・ドゥルーズ、フェリックス・ガタリ『哲学とは何か』財津理訳、河出書房新社、一九九七
・中沢厚『石にやどるもの――甲斐の石神と石仏』平凡社、一九八八
・中沢新一『人類最古の哲学 カイエ・ソバージュ1』講談社、二〇〇二
・中沢新一『森のバロック』講談社、二〇〇六
・中沢新一『野生の科学』講談社、二〇一二
・中瀬喜陽編著『南方熊楠、独白――熊楠自身の語る年代記』河出書房新社、一九九二
・日本サンゴ礁学会編『サンゴ礁学――未知なる世界への招待』東海大学出版会、二〇一一
・芳賀直哉『南方熊楠と神社合祀――いのちの森を守る闘い』静岡学術出版、二〇一一
・法蔵、宗密『大乗仏典――中国・日本篇（7）華厳五教章 原人論』小林圓照・木村清孝訳、中央公論社、一九八九

・森岡清美『近代の集落神社と国家統制――明治末期の神社整理』吉川弘文館、一九八七
・柳田國男『石神問答』創元社、一九四一
・柳田國男『遠野物語・山の人生』岩波書店、一九七六
・山内得立『ロゴスとレンマ』岩波書店、一九七四
・湯次了栄『華厳五教章講義』龍谷大学出版部、一九二七
・龍樹『中論――縁起・空・中の思想』(上・中・下)三枝充悳訳注、第三文明社、一九八四

初出一覧

序　熊楠の星の時間
（書き下ろし）

第一章　熊楠の華厳
（二〇一四年一月十三日に開催された公開講座「南方熊楠の新次元　第三回『明恵と熊楠』」〔明治大学野生の科学研究所〕における講演をもとに書き下ろし）

第二章　アクティビスト南方熊楠
（二〇一四年二月二十二日に開催された公開講座「南方熊楠の新次元　第四回『アクティビスト南方熊楠』」〔明治大学野生の科学研究所〕における講演をもとに書き下ろし）

第三章　南方熊楠のシントム
（二〇一三年七月二十七日に開催された「第六十回　日本病跡学会総会」における特別講演をもとに書き下ろし。『群像』二〇一四年一月号に掲載）

第四章　二つの「自然」
（二〇一四年十月二十八日に開催された講演会「自然の人類学　フィリップ・デスコラの著作を中心に」〔日仏会館〕における講演をもとに書き下ろし。『現代思想』二〇一五年一月号に掲載）

第五章　海辺の森のバロック
（二〇一五年十一月二十九日に開催された公開シンポジウム「サンゴ、〈野生の科学〉と出遭う」〔日本サンゴ礁学会〕における講演をもとに書き下ろし）

中沢新一（なかざわ・しんいち）
一九五〇年生まれ。東京大学大学院人文科学研究科修士課程修了。京都大学特任教授、千葉工大日本文化再生研究センター所長、秋田公立美術大学客員教授。人類学者、思想家。第二六回南方熊楠賞受賞。
著書に『増補改訂　アースダイバー』（桑原武夫学芸賞）、『大阪アースダイバー』、『カイエ・ソバージュ』（小林秀雄賞）、『チベットのモーツァルト』（サントリー学芸賞）、『森のバロック』（読売文学賞）、『哲学の東北』（斎藤緑雨賞）など多数ある。

熊楠《くまぐす》の星《ほし》の時間《じかん》

二〇一六年五月一〇日第一刷発行
二〇二一年五月一三日第四刷発行

著者　中沢新一《なかざわしんいち》

発行者　鈴木章一
発行所　株式会社講談社
東京都文京区音羽二丁目一二―二一　〒一一二―八〇〇一
電話（編集）〇三―三九四五―四九六三
（販売）〇三―五三九五―四四一五
（業務）〇三―五三九五―三六一五

装幀者　奥定泰之
本文データ制作　講談社デジタル製作
本文印刷　株式会社新藤慶昌堂
カバー・表紙・口絵印刷　半七写真印刷工業株式会社
製本所　大口製本印刷株式会社

ISBN978-4-06-258633-7　Printed in Japan
N.D.C.121　192p　19cm

講談社選書メチエ　刊行の辞

書物からまったく離れて生きるのはむずかしいことです。百年ばかり昔、アンドレ・ジッドは自分にむかって「すべての書物を捨てるべし」と命じながら、パリからアフリカへ旅立ちました。旅の荷は軽くなかったようです。ひそかに書物をたずさえていたからでした。ジッドのように意地を張らず、書物とともに世界を旅して、いらなくなったら捨てていけばいいのではないでしょうか。

現代は、星の数ほどにも本の書き手が見あたります。読み手と書き手がこれほど近づきあっている時代はありません。きのうの読者が、一夜あければ著者となって、あらたな読者にめぐりあう。その読者のなかから、またあらたな著者が生まれるのです。この循環の過程で読書の質も変わっていきます。人は書き手になることで熟練の読み手になるものです。

選書メチエはこのような時代にふさわしい書物の刊行をめざしています。

フランス語でメチエは、経験によって身につく技術のことをいいます。道具を駆使しておこなう仕事のことでもあります。また、生活と直接に結びついた専門的な技能を指すこともあります。

いま地球の環境はますます複雑な変化を見せ、予測困難な状況が刻々あらわれています。

そのなかで、読者それぞれの「メチエ」を活かす一助として、本選書が役立つことを願っています。

一九九四年二月　　野間佐和子